essentials

essentials liefern aktuelles Wissen in konzentrierter Form. Die Essenz dessen, worauf es als „State-of-the-Art" in der gegenwärtigen Fachdiskussion oder in der Praxis ankommt. *essentials* informieren schnell, unkompliziert und verständlich

- als Einführung in ein aktuelles Thema aus Ihrem Fachgebiet
- als Einstieg in ein für Sie noch unbekanntes Themenfeld
- als Einblick, um zum Thema mitreden zu können

Die Bücher in elektronischer und gedruckter Form bringen das Expertenwissen von Springer-Fachautoren kompakt zur Darstellung. Sie sind besonders für die Nutzung als eBook auf Tablet-PCs, eBook-Readern und Smartphones geeignet. *essentials:* Wissensbausteine aus den Wirtschafts-, Sozial- und Geisteswissenschaften, aus Technik und Naturwissenschaften sowie aus Medizin, Psychologie und Gesundheitsberufen. Von renommierten Autoren aller Springer-Verlagsmarken.

Weitere Bände in der Reihe http://www.springer.com/series/13088

Christoph Groß

Software in Workshops perfekt präsentieren

So begeistern und gewinnen Sie Kunden für sich

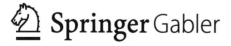

Christoph Groß
Supply Chain Competence Center
Groß und Partner
München, Deutschland

ISSN 2197-6708 ISSN 2197-6716 (electronic)
essentials
ISBN 978-3-658-22078-5 ISBN 978-3-658-22079-2 (eBook)
https://doi.org/10.1007/978-3-658-22079-2

Die Deutsche Nationalbibliothek verzeichnet diese Publikation in der Deutschen National-
bibliografie; detaillierte bibliografische Daten sind im Internet über http://dnb.d-nb.de abrufbar.

Gedruckt auf säurefreiem und chlorfrei gebleichtem Papier

Springer Gabler ist ein Imprint der eingetragenen Gesellschaft Springer Fachmedien Wiesbaden
GmbH und ist ein Teil von Springer Nature
Die Anschrift der Gesellschaft ist: Abraham-Lincoln-Str. 46, 65189 Wiesbaden, Germany

Was Sie in diesem *essential* finden können

- Alle relevanten Themen – von der Vorbereitung für Präsentationen und Workshops bis zur Qualitätsberwertung
- Praxisbeispiele von Problemen bei Präsentationen und Workshops und wie Sie es besser machen
- Expertentipps zeigen, wie Sie sich bei Präsentationen und Workshop verbessern können und diesen als Gewinner abschließen können

Vorwort

Seit 2005 beschäftige ich mich mit der Auswahl und Einführung von IT-Lösungen zur Optimierung von Geschäftsprozessen in Unternehmen (Digitalisierung). Die Kundengrößen variierten dabei von 25 bis 4000 Mitarbeitern in diversen Branchen. Die mit meinen Kunden gemeinsam begutachteten Lösungen waren querbeet gestreut. Ob ERP, CRM, Transport, MES, Dokumentenmanagement etc. Die in diesem Buch gemachten Aussagen und Vorschläge gelten dabei Branchen-, Größen- und lösungsunabhängig.

Mittlerweile habe ich mehr als 60 Kundenprojekte betreut und dabei mehr als 120 Präsentationen im Rahmen von Softwareworkshops miterleben dürfen. Hinzu kommen unzählige Präsentationen bei Veranstaltungen und von mir selbst betreuten Workshops aus meinem früheren Vertriebs- und Beratungsleben bei Softwareanbietern. Damit kann man sagen, dass ich als Zuschauer oder direkt Beteiligter an einigen hundert Präsentationen und Workshops teilgenommen habe – während meiner Angestelltenverhältnisse sogar weltweit in mehr als 20 Ländern. Das in mehr als 30 Jahren erarbeitete Wissen bildet die Basis für dieses Buch. In dieser Zeit habe ich viele gute, wenige sehr gute, aber leider ganz besonders viele schlechte Erfahrungen im Hinblick auf Präsentationen und Workshops gemacht.

Bei der Durchführung von Präsentationen und Workshops lege ich selber immer viel Wert auf kundenindividuelle Vorbereitung und betreibe damit teilweise einen sehr hohen Aufwand. Für eine 45-minütige Präsentation bei einer Veranstaltung, z. B. auf einer Messe, können schon 5 bis 8 h Vorbereitung anfallen. Der Erfolg für den Aufwand hat mir dabei jedoch immer Recht gegeben.

Meine „Hitrate" (Erfolgsquote im Vertrieb meiner Beratungsleistungen) liegt seit Jahren bei > 80 %. Das heißt, bei 8 von 10 Präsentationsterminen in Unternehmen, die einen Berater im Digitalisierungsumfeld suchen, erhalte ich einen Auftrag. Sicherlich auch, und das habe ich mir bestätigen lassen, wegen der aufwendigen Vorbereitung und individuellen Ansprache. Das ist wichtig, wenn ich meinen potenziellen Kunden meine Dienstleistungen und dessen Mehrwert in Form einer Vertriebspräsentation vorstelle.

Seit dem Wechsel von der Vertriebsseite bei Softwareanbietern zur Einkaufsseite als Berater musste ich leider feststellen, dass die Qualität von Präsentationen und Workshops in Vertriebsprozessen der Anbieter erheblich gelitten hat. Das liegt auch daran, dass die Wirtschaft im Bereich der Informationstechnologie boomt. Viele Softwareanbieter wissen gar nicht mehr, wo Ihnen der Kopf vor lauter Aufträgen steht. Dies ist auch einem noch immer nicht aufgelösten Investitionsstau in vielen Branchen geschuldet. Wer als Endkunde oft jahrzehntelang seine Informationstechnologie im Sinne des aktuellen „Digitalisierungshypes" nicht erneuert hat, hat nun Angst auf der Strecke zu bleiben.

Die in vielen Unternehmen gut gefüllte Kasse ist ein weiterer Grund, warum immer mehr Aufträge quasi ad-hoc, ohne genaue Prüfung, abgeschlossen werden. Für viele Unternehmen muss ein Auswahlprozess schnell gehen. Es bleibt oft wenig Zeit, Wert auf Qualität zu legen.

Workshop. (Quelle: Shutterstock)

Anbieter, die über eine gute Bestandskundenbasis verfügen und ausreichend Referenzen vorzeigen können, erhalten oft Aufträge mit wenig Aufwand – manchmal unter Erbringung erstaunlich schlechter Qualität im Vertriebsprozess und speziell in Workshops und Präsentation der eigenen Software. Kommen noch die Integration von Partnerlösungen oder hardwarebasierte Lösungen ins Spiel, ist dem Präsentations- und Workshop-Chaos Tür und Tor geöffnet.

Ob Vertriebsmitarbeiter, Vertriebsleiter oder gar Geschäftsführer – ein Versagen auf ganzer Linie ist leider allzu häufig der Fall. Dabei erkennen viele involvierten Mitarbeiter deren Versagen gar nicht oder, viel schlimmer, sind sie der Meinung, dass alles prima gelaufen ist. Leider bestätigt den Anbietern der Erhalt von Aufträgen oft, dass man in den letzten Jahren so viel nicht falsch gemacht zu haben scheint.

Lassen Sie sich von Erfolgen, die manchmal nur konjunkturbedingt sind, nicht täuschen. Der Grund für Aufträge liegt nicht immer an Ihren tollen Vertriebs- und Präsentationsleistungen! Woher aber kommt der drastische Qualitätsverlust? Liegt es daran, dass der eine oder andere „den Hals nicht vollkriegen kann" und quasi jeder Anfrage hinterherläuft und damit auch jeden Auftrag annimmt? Oder liegt es am enormen Wachstum vieler IT-Anbieter, aufgrund dessen man nicht mehr hinterherkommt neue Mitarbeiter ausreichend einzuarbeiten. Vorausgesetzt, dass man einen Vertriebsprozess im Bereich Präsentation und Workshops hat, in den man neue Mitarbeiter einarbeiten kann.

Wenn Sie die einzelnen Kapitel durcharbeiten, sollten Sie Ihren eigenen Prozess immer kritisch hinterfragen. Bei vielen Punkten werden Sie vorbehaltlos zustimmen, bei einigen werden Sie sagen, dass Sie es ohnehin schon so machen und weitere Punkte werden für Sie neue Erkenntnisse bringen.

Einsicht ist bekanntlich der erste Schritt zu Besserung. Jedoch ist es mit dem Vertrieb ähnlich wie mit gesunder Ernährung und Sport: Alle wissen wie es geht, aber wenige tun es und noch weniger halten es dauerhaft durch. Lassen Sie sich davon überzeugen, dass ein optimierter Vertriebsprozess im Bereich Präsentationen und Workshops eines der Schlüsselkriterien zum Auftragsgewinn ist. Der Aufwand lohnt sich! Sie werden erfolgreicher sein, weniger Stress haben und sich selbst und Ihre Mitarbeiter oder Kollegen durch das positive Feedback von Kunden und Anwendern belohnen können.

Christoph Groß

Inhaltsverzeichnis

Allgemeine, aber wichtige Themen im Vorfeld

1

1.1 Expertentipps und die daraus resultierenden Optimierungungspotentiale

In diesem Buch werden Sie immer wieder Expertentipps erhalten, die dazu dienen sollen, den eigenen Prozess Schritt für Schritt zu optimieren, um dadurch das gewünschte Ergebnis zu erzielen: Eine vom Kunden als hervorragend bewertete Präsentation oder einen Workshop, die sich positiv auf den Erhalt des Auftrages auswirkt.

Klar ist, dass man den Aufwand natürlich immer in Relation zum finanziellen Ergebnis sehen muss. Zusätzlich ist es ein Unterschied, ob eine Präsenzveranstaltung in Form eines Workshops vorgesehen ist oder eine Software-Präsentation über das Internet erfolgt.

Qualität als Basis für Erfolg erhält man trotzdem nicht ohne Plan, eine Regelmäßigkeit in der Ausführung, die Integration aller Beteiligten und eine kontinuierliche Verbesserung und Anpassung auf Basis sich ändernden Gegebenheiten.

Wer Erfolg hat, „weil er denkt, dass es schon immer so funktioniert" hat, wird über kurz oder lang auf der Strecke bleiben.

Prüfen Sie alle Punkte in diesem Buch und wägen Sie ab, welche positive Effekte durch die Umsetzung der erkannten Änderungen in Ihrem Prozess erreicht werden können. Dabei wird nicht jeder der hier genannten Punkte gleich zu einer „Punktlandung" führen und Ihren Vertriebserfolg deutlich verbessern. $1+1=3$ kann hier zum Tragen kommen. Denn manchmal ist nun einmal die Gesamtsumme größer als die seiner einzelnen Teile.

© Springer Fachmedien Wiesbaden GmbH, ein Teil von Springer Nature 2018
C. Groß, *Software in Workshops perfekt präsentieren*, essentials,
https://doi.org/10.1007/978-3-658-22079-2_1

1.2   Machen Sie den Präsentations- und Workshop-Selbsttest

Wenn Sie jetzt denken, dass bei Ihnen alles prima läuft, wäre es sinnvoll, das Buch sofort wieder zuzuklappen und weiter an die Vertriebsarbeit zu gehen. Aber halt! Genau hier beginnt der Fehler der Annahme. Ihre Wahrnehmung und die Wirklichtkeit weichen vielleicht gravierend voneinander ab.

Genau aus diesem Grund wurde ein Selbsttest (Tab. 1.1) erstellt. Er wird Ihnen dabei helfen, wichtige Bereiche in Ihrem Prozess aufzufinden, in denen eine

Tab. 1.1 Selbsttest

	Problemstellung	J/N/T
1	Wir haben einen definierten Vertriebsprozess für Präsentationen und Workshops und ziehen diesen konsequent durch	J
2	Wir kennen immer alle Teilnehmer des Kunden beim Workshop	J
3	Alle Mitarbeiter haben definierte Rollen und interagieren dementsprechend beim Kunden	J
4	Wir bereiten uns persönlich und individuell für jeden Workshoptermin vor	J
5	Wir machen einen Testlauf des gesamten Ablaufs für Workshops und Präsentationen	J
6	Wir haben eine perfekte Moderation und Zeitmanagement	J
7	Wir nutzen die Technologie, die wir verkaufen, auch bei Präsentationen und Workshops	J
8	Wir erstellen individualisierte und auf die Problemstellung des Kunden abgestimmte Unterlagen für Präsentationen und Workshops	J
9	Wir haben standardisierte Demo-Systeme, die wir für den Kunden inkl. seiner Daten individualisieren	J
10	Wir führen auch Onlinepräsentationen durch und prüfen den Einsatz der genutzten Technologie vor der Präsentation	J
11	Die Live-Integration von Drittprodukten bei Workshops und Präsentationen ist für uns kein Problem	J
12	Kunden und Anwender erhalten Unterlagen, Bochüren, Powerpoints etc. zu Veranstaltungen über ein Portal	J
13	Wir machen immer eine Qualitätsanalyse und nutzen diese zur kontinuierlichen Verbesserung	J
14	Nach der Präsentation oder dem Workshop werden alle Teilnehmer weiter bis zur Vertragsunterzeichnung intensiv betreut	J
15	Wir wissen immer, ob und warum wir gut oder schlecht waren	J

Optimierung sinnvoll oder notwendig sein kann. Optimal wäre, wenn Sie alle Fragen mit „Ja" beantworten und dies auch nachweisen können. Beantworten Sie diese Fragen mit **J**-A, **N**-ein, **T**-eilweise oder **K**-eine Ahnung.

▶ **Expertentipp** Machen Sie den Selbsttest, indem Sie alle Mitarbeiter, die in Präsentationen und Workshops tätig sind, einzeln befragen. Vergleichen Sie dann das Ergebnis und ziehen Sie Ihre eigenen Schlussfolgerungen daraus. Hinweis: Sie können die MS-Excel®-basierte Version kostenfrei auf Anfrage bei scc-info@scc-center.de erhalten.

1.3 Nomenklatur in diesem Buch (und generell): Die gleiche Sprache sprechen!

Wir sollten als Erstes über die Wortwahl in diesem Buch sprechen und damit ein generelles Problem bei Präsentationen und Workshops angehen.

Wer als Anbieter auf den Kunden losstürmt, hat meist nicht nur jede Menge „Fachchinesisch" im Gepäck, sondern geht immer davon aus, dass der Kunde und seine Anwender sofort verstehen was gemeint ist. Dies ist aber oft nicht der Fall und sollte unbedingt adressiert werden. Es nutzt keinem etwas, wenn den ganzen Tag von „A" gesprochen wird, der Kunde denkt, es wäre „B", im Sinnes des Projektes jedoch eigentlich „C" gemeint war.

Klingt verwirrend? Gut so. Dann haben Sie vielleicht verstanden, warum es so wichtig ist, dass alle die gleiche Sprache sprechen. Sprachliche Themen sollten Sie im Vorfeld klären, um negative Auswirkungen zu vermeiden.

Beispiel 1: Das Gleiche mit einem anderen Wort beschreiben

- Artikelnummer
- Materialnummer
- Sachnummer
- Identnummer

Beispiel 2: Branchenspezifische Begriffe verwenden

- Stückliste
- Rezeptur

In diesem Buch werden Sie von mir immer von dem „Fehler der Annahme" lesen. Genau hier liegt der „Hase im Pfeffer". Wer versucht, Wissen mit Annahmen zu ersetzen, kann entweder Glück haben oder auch auf ganzer Linie scheitern. Letzteres soll auf jeden Fall vermieden werden.

Das ist hier gemeint:

Anbieter	Verkäufer und Implementierer von Software und Dienstleistungen (seltener auch Hardware)
Partner	Lösungspartner des Anbieters im Software oder -Hardwareumfeld
GU	Generalunternehmer, der einen Komplettvertrag mit dem Kunden abschließt und die Gesamtverantwortung für die Lieferung der erworbenen IT-Lösungen und verbundenen Dienstleistungen trägt
Anwender	Benutzer/User des zu implementierenden Systems (eine einzelne Person oder Gruppe von Personen)
Kunde	Unternehmen, das die Ausschreibung vornimmt, den Vertrag abschließt und seinen Anwendern die Lösung zur Verfügung stellt
Skript	Vordefinierter Ablauf einer Präsentation oder eines Workshops, auch Use-Cases oder Beispielprozesse genannt

▶▶ **Expertentipp** Erstellen Sie ein Glossar mit der Erläuterung der wichtigsten und wiederkehrenden Begriffe, die Sie im Rahmen von Präsentationen und Workshops verwenden. Einmal gemacht, müssen Sie es für jeden Workshop ggf. nur neu anpassen. Halten Sie das Glossar kurz mit ein oder maximal 2 Seiten.

1.4   Das richtige „Wording" wählen

Selbst negative Aussagen kann man positiv verpacken. Leider sind sich viele Anbieter gar nicht bewusst, was im Kopf mancher Anwender bei gewissen Worten vorgeht. Nicht umsonst benutzt SAP® das Wort „Customizing", was sich einfach ungefährlicher anhört als „Programmierung" oder „Zusatzentwicklung". Prüfen Sie, ob möglicherweise negativ behaftete Begriffe verwendet werden und versuchen Sie diese durch einladendere und weniger „gefährliche" Begriffe zu ersetzen (Tab. 1.2).

Übrigens: Zum richtigen Wording gehört in Deutschland außerdem die deutsche Sprache. Auch wenn sich mittlerweile viele Anglizismen eingeschlichen haben, sollten Sie bei Software-Präsentationen und -Unterlagen darauf achten, diese auch auf deutsch zu liefern. Haben Sie Englisch als Sprache vorher ganz oder teilweise vereinbart, ist dies natürlich kein Thema.

Tab. 1.2 Wording	So	Oder so?
	Programmierung	Systemoptimierung
	Schnittstellen	Integration
	Anpassung	Systemveredelung
	Reklamation	Optimierungsanfrage

1.5 Was ist eigentlich ein Workshop oder eine Präsentation?

Das ist eine wichtige Begriffsklärung. Kein Wunder, denn jeder verwendet diese Begriffe in einer anderen Art und Weise. Leider oft missverständlich. Während ein Kunde bei „Workshop" denkt, dass er mitarbeiten kann, denkt der Anbieter, dass es sich um eine Präsentation der Software mit einigen Kundendaten handelt. Eine Interaktion mit dem Kunden ist gar nicht vorgesehen. Es kann schnell zu Irritationen zu führen, wenn wegen unzureichender Kommunikation die Erwartungshaltung nicht getroffen wird.

Was im Rahmen dieses Buches bei Workshops nicht gemeint ist, sind Workshops, die als Schulung oder als Einführung von Lösungen durchgeführt werden. Viele der Themen können in diesem Umfeld aber trotzdem Anwendung finden.

Eine wichtige Erkenntnis: Es kann sinnvoll sein, das auszuschließen, was nicht gemeint ist, in der Veranstaltung nicht adressiert oder nicht Thema des Projektes ist. Verlassen Sie sich nicht darauf, dass der Anwender dies selber erkennen wird (Tab. 1.3).

▶▶ Generell ist ein Workshop immer viel umfangreicher und aufwendiger in der Vorbereitung. Dabei kann der Workshop auch aus mehreren Präsentationseinheiten bestehen.

Tab. 1.3 Vergleich von Präsentation und Workshop

Bereich	Präsentation	Workshop
Zielsetzung	Eine Präsentation fokussiert sich in der Regel auf die Vorstellung von Standardfunktionalitäten der Lösung für den jeweiligen Kunden. Zusätzlich können in diesem Rahmen weitere Themen wie die Vorstellung des Unternehmens, Vorgehensweise der Implementierung oder andere Themen adressiert werden	Der Workshop fokussiert sich in der Regel auf die Vorstellung von kundenspezifischen Lösungen. Meist basieren sie auf vorhandenen Beispielprozesse oder „Use-Cases", die vom Kunden direkt oder gemeinsam mit einem externen Berater erstellt wurden
Kundenindividuelle Anforderungen	Diese stehen in der Regel eher im Hintergrund, es sei denn sie sind Teil der Standardlösung und können somit ohne besondere Vorbereitung präsentiert werden	Hier stehen die Anforderungen des Kunden im Vordergrund. Der Kunde erwartet, dass der Anbieter im Workshop spezifisch auf dessen Anforderungen eingeht - sei es in einer Powerpoint®-Präsentation oder in der Live-Präsentation von Software-Funktionalitäten
Vorbereitung	Um dies zu bewerkstelligen, sollte eigentlich kein größerer Vorbereitungsaufwand notwendig sein. Standardpräsentationen und standardisierte Daten in einem Demo-System sollten bereits vorhanden sein	Ein Workshop sollte immer sehr gut und auf den Kunden abgestimmt vorbereitet sein. Während bei einer einfachen Präsentation in der Regel eine Person die Vorarbeit übernimmt, sind es hier mehrere Personen. Auch der Aufwand und die Vorbereitungszeit sind erheblich höher. Der Faktor 3:1 ist dabei keine Seltenheit. 1 Tag Workshop bedeutet 3 Tage Vorbereitung
Vortermin	Einen Vortermin gibt es hier nicht, da die Präsentation größtenteils auf Standarddaten und Informationen basieren sollte	Um einen Workshoptermin erfolgreich zu gestalten, sollten Sie unbedingt auf einem Vortermin bestehen. Ziel und Inhalt sind in einem nachfolgenden Kapitel detailliert beschrieben

(Fortsetzung)

Tab. 1.3 (Fortsetzung)

Bereich	Präsentation	Workshop
Führung/Leitung	Die Führung obliegt immer dem Anbieter. Er muss die Präsentation koordinieren und stellt eine Agenda im Sinne der Zielsetzung der Präsentation zusammen	Die Führung obliegt entweder dem Anbieter oder indirekt dem Kunden bzw. dem externen Berater, der das Format für den Workshop vorgegeben hat
Teilnehmer	Dies kann in kleinem Kreis vom Anwender bis zur Geschäftsführung alle Ebenen eines Unternehmens abdecken	Dies kann in kleinem Kreis vom Anwender bis zur Geschäftsführung alle Ebenen eines Unternehmens abdecken. Damit kann es auch der gleiche Anwenderkreis wie bei einer Präsentation sein
Dauer	Eine Präsentation kann recht kurz (30 min) oder auch länger (einige Stunden) dauern	Ein Workshop kann von ½ Tag bis 2 Tage dauern. Beachten Sie aber bitte, dass ein „Mehr" nicht unbedingt besser ist. Bei längeren Veranstaltungen achten Sie darauf, dass die „Scheiben" möglichst in gut verdauliche Stück umgesetzt werden. 2 h mit einem Thema am Stück kann durchaus ermüdend und damit kontraproduktiv sein
Skripts	Der Anbieter sollte, im eigenen Interesse, ein einfaches Skript erstellen, damit dies sowohl intern verwendet, als auch extern kommuniziert werden kann	Bei Workshops werden die Skripts, d. h. der Ablauf der zu präsentierenden oder behandelnden Bereiche in der Regel vom Kunden bzw. einem externen Berater vorgegeben – sei es in Form von Beispielprozessen oder „Use-Cases", wie bereits erwähnt

(Fortsetzung)

Tab. 1.3 (Fortsetzung)

Bereich	Präsentation	Workshop
Kosten	Eine Präsentation muss kostenfrei für den Kunden erfolgen	In der Regel sind Workshops im Rahmen von Vertriebsaktivitäten für den Kunden kostenlos. Es sei denn, Sie sind der einzige Anbieter und die Workshops brauchen sowohl mehrere Tage in der Vorbereitung als auch mehrere Tage in der Durchführung. Es kann durchaus vorteilhaft sein mit dem Kunden eine Vereinbarung zur Rückvergütung der Workshopkosten zu treffen, insofern der Auftrag erteilt wird. Wenn Ihre Mitbewerber die Durchführung kostenfrei machen, ist es wenig sinnvoll auf eine Vergütung zu bestehen. Dies kann bei dem einen Kunden bereits zum Ausschluss aus dem Vertriebsprozess führen, beim anderen vielleicht zu einer eher missmutigen Zusage zur Kostenübernahme, die aber später negative Auswirkungen bei der Entscheidungsfindung haben kann
Vorlauf	Der Vorlauf für eine Präsentation sollte maximal 3 Wochen betragen. Je einfacher und kürzer, desto schneller sollte die Präsentation möglich sein	Der Vorlauf für einen Präsentation darf sich durchaus auf 4 bis 6 Wochen belaufen, insofern diese Zeit auch tatsählich für eine entsprechende Vorbereitung genutzt wird

1.6   Der Umgang mit externen Beratern

Externe Berater sind nicht unumstritten, weil deren Sicht meist als ein Störfaktor im Vertriebsprozess gesehen wird. Sie machen alles komplexer und aufwendiger und halten den Anbieter vom „freien" Vertrieb ab! Anbieter fühlen sich durch Vorgabgen immer in eine „Zwangsjacke" gepresst, welche der Berater seinen Kunden als notwendig eingeredet hat. Eine struktutierte Vorgehensweise, standardisierte Angebotsvorlagen für Preise, lange Lastenhefte und natürlich fest fixierte Skripte oder eine genaue Agenda für Workshops sind selten sehr beliebt.

Keine Frage, es gibt gute und schlechte Berater. Berater, die auf Grund von Erfahrung, Methodik und Werkzeug einen Mehrwert im Projekt liefern oder Berater, die tatsächlich mehr hindern als helfen. Das Ziel des Kunden kann mit einem schlechten Berater dabei durchaus verfehlt werden.

Hat sich ein Kunde für den Einsatz eines Beraters entschieden, dann müssen Sie als Anbieter damit leben oder sich gleich am Anfang von der Anfrage verabschieden. Es sei denn, Sie planen den Berater offen anzugreifen mit der Zielsetzung ihn loszuwerden, was aber eigentlich nie gut ausgeht.

Den Fehler, den viele Anbieter machen ist, den Berater zu ignorieren oder ggf. auch zu umgehen. Die Kommunikation des Anbieters erfolgt dann einfach direkt mit dem Kunden. Er wird z. B. bei der Workshopagenda in die eigene Richtung manipuliert und so versucht, den vom Berater definierten Vertriebsprozess zu umlaufen. Aber Achtung: Sie sollten den Stand des Beraters beim Kunden kennen. Es ist sehr unwahrscheinlich, dass dieser mit dem Kunden nicht kommuniziert und so von Ihren Manipulationsversuchen nichts erfährt.

▶▶   **Expertentipp** Binden Sie den Berater in Ihren Prozess ein. Vielleicht lassen sich einige Änderungen in Bezug auf Präsentation und Workshop durchsetzen, die für Sie von Vorteil sind. Ignorieren, umgehen oder greifen Sie den Berater nicht an. Das geht in der Regel nicht gut aus.

Vor der Präsentation und dem Workshop

2

Vorbereitung ist alles! Das haben wir schon unendliche Male gehört. Es führt zu vielen guten Vorsätzen im Vertrieb, ganz wie die guten Vorsätze zum neuen Jahr. Man definiert einen Vertriebsprozess, erstellt Checklisten oder Vorgehenspläne. Im Bereich der Präsentationen und Workshops dann meistens Standardpräsentationen und Demo-Datenbanken. Doch wenn der Tag kommt, an dem diese Medien zum Einsatz kommen sollen, sind wieder alle guten Vorsätze vom Tisch. Unter Druck geraten und wegen des engen Terminplans, geht man ohne Vorbereitung, ohne Individualisierung von Präsentationsfolien oder Demo-Datenbank zum Kunden und fällt prompt auf die Nase.

2.1 Der Vortermin

Es ist immer bewundernswert, wie Softwareanbieter einen Workshop mit kundenindividuellen Anforderungen gestalten können, ohne jemals mit allen relevanten Beteiligten kommuniziert zu haben. Man treibt tagelange Aufwände, kommt zum Workshop und liegt leider voll daneben.

Wie wäre es, wenn es eine Möglichkeit gäbe, dies zu vermeiden und schon vor dem Workshop mit der Begeisterung des Kunden zu beginnen?

Was liegt also näher als einen Vortermin zu vereinbaren, bei dem man sich ausführlich mit den Anforderungen des Kunden und des Workshops beschäftigt. Überlegen Sie sich, ob Sie auf diese Chance verzichten wollen oder nicht. Verweigert der Kunde den Vortermin, dann sollten Sie abwägen, ob die Teilnahme an diesem Workshop für Sie zu einem glücklichen Ende führen kann.

© Springer Fachmedien Wiesbaden GmbH, ein Teil von Springer Nature 2018
C. Groß, *Software in Workshops perfekt präsentieren,* essentials,
https://doi.org/10.1007/978-3-658-22079-2_2

Welche Punkte sollte Ihr Vortermin abdecken?

- Unternehmensrundgang
- Kennenlernen der wichtigen „Stakeholder", d. h. der Teilnehmer am Workshop
- Abfragen der Anforderungen der Teilnehmer an den Workshop
- Besprechung aller Skripte für den Workshop (ob von Ihnen oder vom Kunden vorgegeben)
- Einblick in die aktuelle Softwarelösung, besonders wenn diese selbst entwickelt oder hochgradig angepasst wurde
- Besprechnung von offenen Fragen zu erhaltenen Unterlagen, wie Lastenheften, Projektinformationen oder Prozessbeschreibungen
- Definition und Freigabe der Workshopagenda

Dauer des Vortermins? Wer denkt, dass er den Vortermin in 1 oder 2 h schaffen kann, weil er so erfahren und erfolgreich ist, der sollte hinterfragen, ob dies die richtige Einstellung ist. Wenn der Kunde dem Vortermin zustimmt, sollte man sich überlegen, wie man dies bestmöglich ausnutzen kann. Mit den zuvor genannten Themen kann man durchaus einen ganzen Tag verbringen. Falls Sie also gute Fragen und gute Mitarbeiter haben, die an diesem Tag den Kunden schon vor dem Workshop begeistern können, dann sollten Sie sich möglichst lange mit dem Kunden beschäftigen.

Wer sollte anwesend sein? Idealerweise sind seitens des Anbieters der zuständige Vertriebsmitarbeiter sowie der im Workshop präsentierende Berater anwesend. Hoffentlich ist es auch der Berater, der voraussichtlich dem Kunden später im Projekt zugeteilt wird. Wenn Sie für Ihren Berater an diesem Tag auch keine Rechnung stellen können, so sollten Sie im Rahmen der Akquise trotzdem in Vorleistung gehen. Wer denkt, dass der Know-how-Transfer im eigenen Hause so hervorragend funktioniert, dass die Anwesenheit des Beraters erst beim Workshop notwendig ist, dem glaube ich leider nicht. Ich habe es noch nie erlebt, dass eine Präsentation oder ein Workshop, bei dem der Berater den Kunden zum ersten Mal beim Workshop kennengelernt hat, gut gegangen ist.

Was sollte man mitbringen bzw. vorbereiten? Definitiv ist eine Agenda für den Vortermin sinnvoll. Kommunizieren Sie im Vorfeld, mit wem Sie wie lange sprechen wollen. Lassen Sie sich die Termine bestätigen. Bringen Sie eine Checkliste mit, nach der Sie vorgehen. Es ist eine der ersten Möglichkeiten, um zu beweisen, wie gut Sie organisiert sind.

Zu was sollte der Vortermin nicht genutzt werden? Der Vortermin ist kein Präsentationstermin. Der kommt später. Wenn Sie diese Chance nicht nutzen, um möglichst viel über den Kunden und die Menschen im Unternehmen zu erfahren, kann es sein, dass diese nicht wiederkommt und der Auftrag anderweitig vergeben wird. Überlegen Sie also sehr gut, wie Sie Ihre Ressourcen effektiv und für sich selbst gewinnbringend einsetzen können.

Wann sollten Ihre roten Lampen wild aufleuchten? Wenn beim Vortermin trotz anderweitiger Vereinbarung plötzlich „nur" der IT-Leiter für max. 2 h Zeit hat und auch kein Rundgang möglich ist, sollten bei Ihnen die Alarmglocken schrillen. Sie sind hier nicht erwünscht und nur als Alibikandidat dabei. Fragen Sie nach einem direkten Kontakt zu den Entscheidern. Wenn dies verweigert wird, stehen Sie auf, bedanken sich für den Kaffee und gehen. Sie haben hier keine Chance.

Und was passiert nach dem Vortermin? Nach dem Vortermin kommt der Workshop. Es wäre sehr sinnvoll, eine nette E-Mail an den Kunden zu senden, in der man sich für den Vortermin bedankt, das Ergebnis zusammenfasst, etwaige Vereinbarungen festhällt und auf diese Weise dokumentiert.

▷ Ein gut organisierter und dokumentierter Vortermin ist ein Schlüssel für den erfolgreichen Workshop. Wenn Sie, wie hier beschrieben vorgehen, werden Sie definitiv professioneller als alle Ihrer Mitbewerber sein. Denken Sie immer daran: Für den ersten Eindruck hat man immer nur eine Gelegenheit!

▷ **Der Expertentipp** Machen Sie den Vortermin für Workshops zum integralen Teil Ihres Vertiebsprozesses, vor allem, wenn Sie diesen selbst bestimmen können. Verweigert der Kunde Ihnen diese Gelegenheit und erwartet trotzdem 2 Tage Workshop am Stück, dann sollten Sie sich überlegen, ob Sie hier richtig sind. Nach dem Termin dokumentieren Sie diesen gegenüber dem Kunden und halten alle getroffenen Vereinbarungen fest. Das kommt gut an!

2.2   Wie sinnvoll sind standardisierte Demo-Systeme?

Als Anwender kennt man das zur Genüge: Anbieter A kommt mit Berater A und präsentiert die Lösung. Weil noch einige Themen offen sind, kommt Anbieter A noch einmal, aber diesmal mit Berater B. Obwohl der Folgetermin eigentlich nur als Ergänzung dienen sollte, sind plötzlich ganz andere Daten zu sehen. Die von Berater A vorher so fleißig erfassten Demo-Daten sind plötzlich alle weg. „Sie haben doch beim letzten Mal Ihre Demo-Daten gesehen. Um die Zusatzfunktionen, die wir dort nicht gezeigt haben zu sehen, geht es auch ohne.", so der Berater. Das war nicht die richtige Reaktion! Sollte sich später zusätzlich herausstellen, dass alle Funktionen, obwohl vorher verneint, doch vorhanden sind, fällt dies negativ auf Sie zurück. Der Kunde fragt sich, ob jeder Berater im Anbieterunternehmen einen anderen Weg von A nach B präsentiert, und ob dies später bei der Implementierung auch zum Problem wird. Ein weitgehend standardisiertes Demosystem kann deswegen sinnvoll sein. Es unterstützt Sie dabei, gleichbleibende Qualität in Ihren Präsentationen zu liefern. Allerdings muss es gut geplant, umgesetzt und konsequent eingesetzt werden. Beurteilen Sie selbst die Vor- und Nachteile, um zu entscheiden, ob ein standardisiertes Demo-System in Ihrem Unternehmen sinnvoll und Mehrwert bringend eingesetzt werden kann.

Vorteile

- „Jeder" kann kurzfristig und ohne große Vorbereitung eine Softwarepräsentation durchführen.
- Der „rote Faden" hilft weniger versierten Beratern ein gutes Präsentationsergebnis zu erreichen und dokumentiert die Demo auch gegenüber dem Kunden.
- Es gibt keine Präsentation, die vor Bildschirmen ganz ohne Daten nur so „glänzen".
- Kundenindividuelle Präsentationen können viel leichter auf einer gleichbleibenden und qualitativ hochwertigen Datenbasis erstellt werden.

Nachteile

- Hoher Aufwand beim Aufsetzen des Systems und der regelmäßigen Pflege.
- Der Mehrwert kann nur bei einer konsequenten Umsetzung erzielt werden.

Was ist besser? Zentrale oder dezentrale Demo-Systeme? Bei Anbietern von cloud-basierten Lösungen hat sich diese Frage gerade von selbst beantwortet. Letztendlich kommt es darauf an, ob Sie die nachfolgenden technischen Voraussetzungen schaffen und in gleichbleibender Qualität aufrecht erhalten können. Generell ist die zentrale Demo die bessere Alternative. So können auch Berater von den Demo- Systemen Ihrer Kollegen profitieren, weil der Zugriff einfach unkompliziert funktioniert. Wenn Sie allerdings in Regionen mit schlechtem Mobilempfang unterwegs sind und der Kunde keinen Internetzugriff mit ausreichender Bandbreite zur Verfügung stellen kann, haben Sie ein Problem.

Welche generellen Voraussetzungen müssen Sie schaffen?

- Standard-Foliensatz zur Begleitung der Präsentation und als Leitfaden.
- Demo-Skript (wenn auch rudimentär), damit sich alle Berater möglichst an den gleichen roten Faden halten können.
- Regelmäßige Optimierung und Nacherfassung von Daten, z. B. in neuen Modulen und Funktionen bzw. auch aus Sicht des Datum (eine Demo mit Daten, die bereits 10 Jahre alt sind, kommt nicht sehr gut an).

Welche technischen Voraussetzungen müssen Sie schaffen?

- Kopierbare Datenbank bzw. Mandant
  Nach der initialen Erstellung kann die Datenbank bzw. der Mandant als „Demo-Mandant" freigeschaltet werden. Nach durchgeführter Präsentation kann die Datenbank oder der Mandant archiviert werden, um diese in einem nachfolgenden Termin wieder zu verwenden.
  Alternativ kann die Datenbank oder der Mandant gelöscht und durch den Standard-Demo-Mandanten ersetzt werden. Im Idealzustand kann die Demo-Datenbank bzw. der Demo-Mandant von einem PC zum anderen kopiert werden.
  Wichtig: Die Kopierfunktionen müssen aus einem Menüsystem heraus aufrufbar sein. Ansonsten kommen diese nicht zum Einsatz.
- Remote-Zugriff auch ohne Internet und WLAN beim Kunden
  Dies geht nur durch Ausstattung der Demo Notebooks/Tabletts mit einer LTE-Karte oder Verbindung über ein Mobiltelefon. Leider haben wohl nur wenige Berater ein Mobiltelefon mit ausreichendem Datenvolumen, was schon sehr verwunderlich ist. Prüfen Sie die mobile Verfügbarkeit und Geschwindigkeit VOR dem Präsentationstermin und statten Sie die Vertriebsmitarbeiter mit mobilen Endgeräte mit ausreichenden Datenvolumen in den Verträgen aus. Oft genug musste ich als Berater mit meinem Volumen „aushelfen". Mir wäre das als Anbieter peinlich gewesen.

▷ **Expertentipp** Schaffen Sie die technischen Voraussetzungen, um entweder ein zentrales oder dezentrales Demo System nutzen zu können. Definieren Sie standardisierte Demoprozesse und erfassen hierzu die notwendigen Daten. Setzen Sie das Demo System dann auch konsequent ein.

2.3   Lösungen von Drittanbietern präsentieren

Bei der Herausforderung Lösungen von Drittanbietern zu präsentieren, müssen fast alle Anbieter das Handtuch werfen. Es ist ihnen einfach nicht möglich, selbst Systeme, die sie als Generalunternehmer verkaufen, integriert in der eigenen Applikation zu präsentieren. Hinzu kommt, dass die eigenen Berater in diesen Systemen auch nicht oder zu wenig versiert sind. Oft können die einfachsten Fragen nicht zufriedenstellend beantwortet werden. Die Lösung dieses Problems ist eine große Herausforderung. Sie können dabei aber auch sicher sein, dass nur wenige Anbieter in der Lage und gewillt sein werden, sich dieser Herausforderung anzunehmen. Wenn Sie dies mit Bravour meistern, können Sie den Wettbewerbern nicht nur eine, sondern gleich mehrere „Nasenlängen" vorauseilen.

Die Integrationsmatrix in Tab. 2.1 zeigt mögliche Lösungskombinationen im ERP-Umfeld. Wenn Sie dies auch nur teilweise umsetzen können, werden Ihnen Kunden und Anwender leichter „glauben", dass die Integration später reibungslos funktioniert.

Beispiel CTI-Integration Die Telefonintegration ist ein integraler Teil aller modernen ERP- oder CRM-Lösungen. Trotzdem kann es kaum ein Anbieter live präsentieren – und das in Zeiten von VOIP, also dem Telefonieren übers Internet. Das Mindeste, was Sie realisieren sollten, ist das manuelle Eintippen einer Telefonnummer, um den Anruf zu simulieren. Die Nummer wird erfasst und der Infobildschirm des Kunden oder Lieferanten öffnet sich. Ganz wie später im Live-System. Der Effekt beim Anwender wird Sie überraschen.

Beispiel MS-Office®-/E-Mail-Integration Die Kommunikation via E-Mail im Gesamtprozess von Unternehmen ist heute nicht mehr wegzudenken. Mal eben aber ein Angebot live per E-Mail zu versenden oder gar zu erhalten, lässt manch einen Anbieter verzweifeln. Sie sollten sich deswegen hier nicht so wie Ihr Mitbewerber blamieren. Wer in einer Präsentation die ein- *und* ausgehende E-Mail-Integration nicht zeigen kann, sollte vor Scham im Boden versinken!

Nicht vergessen: Neue Versionen beudeten auch neue Integrationen und Integrationstests. Ganz wie bei Ihren Kunden! Machen Sie nicht die „Mega Integration", die innerhalb von kürzester Zeit wieder zu einer Minimalintegration verkommt.

> Wenn Sie zeigen können, dass man als Kunde den Mitbewerbern „vertrauen" muss, Sie aber immer den Beweis durch eine Live-Präsentation antreten, ist dies vielleicht eine weitere „Falle", in die Sie Ihren Mitbewerber fallen lassen können.

Tab. 2.1 Lösungen

	ERP	WWS	CRM	PDM/PLM	MES	TMS/Spedition	LVS/Lager	E-Mail	Office	DMS	Work-flow	Mobil Lager	Tele-matik	BI	CAD	PDM/PLM	CTI Telefon	DMS Scan	Bar-code Scan	RFID
ERP		×	×	×	×	o	×	×	×	×	×	×		×	(×)	×	×	×	×	×
WWS	×		×		×		×	×	×	×	×	×		×			×	×	×	×
CRM	×	×					×	×	×	×	×			×			×	×	×	
PDM/PLM	×				×			×	×	×	×			×	×		×	×		
MES	×							×	×	×	×			×						
TMS/Spedition	×	×	×				×	×	×	×	×	×	×	×			×	×		
LVS/Lager	×	×				×	×	×	×	×	×	×		×				×	×	×

▶ **Expertentipp** Listen Sie alle Systeme auf, die der „ideal digitalisierte"
Kunde auch später im Projekt implementiert und fangen Sie mit der
Integration in Ihre Demo-Umgebung an. Der Aufwand lohnt sich,
solange Sie auf dieser Fähigkeit auch ausreichend „herumhacken":
Machen Sie dem Kunden ruhig Angst, dass, wenn es beim Mitbewerber nicht einmal in der Demo geht, es später bei der eigenen Implementierung nur noch schlimmer werden kann.

2.4   Die Agenda

Eine effiziente Agenda zu konzipieren, die allen Anwesenden gerecht wird, hört
sich einfacher an als es ist. Deswegen scheinen es manche Anbieter am besten
ganz ohne Agenda anzugehen.

Hintergrund: Sie sind ERP-Anbieter und können einen Workshop, der alle
Bereiche eines Maschinenbauers betrifft, in einem Tagesworkshop präsentieren.
Der Kunde lässt Ihnen freie Hand (Tab. 2.2). Was liefern Sie dem Kunden in der
Regel als Agendavorschlag?

Wenn Sie der Meinung sind, dass dies eine sehr dilletantische Agenda ist,
haben Sie vollkommen recht. Es ist aber auch eine, die ich schon mehrfach in
ähnlicher Form erhalten habe. Oft sind nicht einmal die Zeiten oder die Dauer in
der Agenda enthalten.

Achten Sie auf die Arbeitszeiten des Kunden Die typischen Workshopzeiten
sind von 9 bis 17 Uhr. Was aber, wenn Ihr Kunde bereits um 7 Uhr mit der Arbeit
beginnt und um 15 Uhr schon wieder den Heimweg antritt? Achten Sie darauf,

Tab. 2.2 Agenda 1

Beispielagenda I	
Vorstellung unserer XYZ-ERP-Lösung 9.00 bis 17.00	
Firmenvorstellung und Referenzen	60
Präsentation	30
Pause	30
Präsentation	90
Mittagspause	60
Präsentation	90
Kaffeepause	30
Präsentation	60
Abschlussbesprechung	15

dass Sie bei Ihrem Vorschlag bereits diese Zeiten berücksichtigen, indem Sie vor Erstellung der Agenda nach den Arbeitszeiten fragen. Ansonsten kann Ihnen dies negativ ausgelegt werden.

Mindestzeiten für eine Thema sind sinnvoll Wenn Sie vom Kunden für Ihre Unternehmenspräsentation inkl. Referenzen 5 min bekommen, dann läuft etwas falsch. Die Begründung „Wir kennen Sie ja schon", sollten Sie hier nicht gelten lassen.

Kurz fassen – altbewährt und trotzdem nicht angewandt Haben Sie sich, im Vergleich zu den vorab genannten 5 min, selbst einen Slot von 60 min für die Vorstellung des Unternehmens gegeben, dann sollten Sie sich das noch einmal überlegen. Selbstverständlich sollten Sie die Kunden mit tollen Zahlen, Referenzen usw. beindrucken. Übertreiben Sie es jedoch nicht. Fokussieren Sie sich auf die Themen, die für diesen Kunden wirklich relevant sind. Dass Ihr Unternehmen im Bereich von Handelsunternehmen im letzten Jahr um 30 % gewachsen ist und Sie 20 neue Mitarbeiter eingestellt haben, wird den Maschinenbauer nicht besonders interessieren. Schlimmer, wenn Sie im Maschinenbaubereich wesentlich weniger gewachsen sind, diese Zahlen dann aber nur auf Nachfrage mitteilen. Zu viele Informationen können auch „schlafende Hunde" wecken.

Fehlende Zeit durch zusätzliche Dokumentation ergänzen In 5 min können Sie gerade einmal 1 Folie zur Firma und 1 Folie mit einer Liste von Referenzen bzw. 1 Referenz vorstellen. Das ist nicht zielführend. Wie praktisch, wenn Ihr Konzept zu Unterlagen und Informationen stimmig ist und einige Folien allen Anwendern zusätzlich im Downloadcenter zur Verfügung gestellt werden. Dies gilt übrigens auch für Agendathemen, die der Kunde versucht, total unter den Tisch zu kehren, weil diese aus dessen Sicht gerade nicht so wichtig sind.

Und was ist mit Folien als Handouts? Dieser Punkt folgt später. Fakt ist jedoch, dass nur die Agenda zur Dokumentation und nachhaltiger, positiver Beinflussung von Anwendern nicht ausreicht. Nur wer gut aufbereitete Folien mitliefert, kann sich sicher sein, dass alle, aus Sicht des Anbieters relevanten Informationen auch angekommen oder zumindest beim Anwender verfügbar sind. Machen Sie aber nicht den Fehler diese gleich bei Workshopbeginn auszuteilen.

2.5 Welche Themen sollte eine Agenda beinhalten?

Selbstverständlich ist dies immer abhängig von der Zielsetzung. Wenn Sie, wie zuvor geschildert, einem Maschinenbauer an einem Tag eine ERP-Lösung präsentieren wollen, dann wäre vielleicht die Agenda in Tab. 2.3 zu empfehlen.

Tab. 2.3 Agenda 2

Vorstellung Ihrer neuen ERP-Lösung	Dauer in Minuten	Von	Bis
Eintreffen und erstes Kennenlernen	30	08.30	09.00
Agenda und Zielsetzung – Vorstellung Anbieter	10	09.00	09.10
Unternehmensvorstellung – Ihr erfahrender Partner	20	09.10	09.30
Für Sie relevante Referenzen – Ihr Mehrwert	20	09.30	09.50
Ihre neue Lösung, Hintergrund, Philosophie, Bedienung und wiederkehrende Funktionen	40	09.50	10.30
Pause	15	10.30	10.45
Ihre Prozesse – Ihr neuer Mehrwert	105	10.45	12.30
Mittagspause	45	12.30	13.15
Ihre Prozesse – Ihr neuer Mehrwert	125	13.15	15.20
Kaffeepause	15	15.20	15.50
Implementierung on Time und on Budget – so geht's	30	15.50	16.20
Unsere Weiterentwicklung für Ihre Branche	10	16.20	16.30
Abschlussbesprechung – Ihr Eindruck – offene Punkte – nachfolgende Schritte	30	16.30	17.00

Wichtige Kriterien einer guten Agenda

- Zeiten und Dauer sind genau aufgelistet.
- Stimmen Sie die Agenda im Vorfeld ab.
- Lassen Sie wichtige Themen, in denen Sie punkten können, durch den Kunden nicht herausstreichen.
- Provozieren Sie mit kurzen Statements, die Sie später beweisen, z. B. „Ihr Mehrwert", „Ihre Lösung" etc.
- Setzen Sie die Zeit sinnvoll ein.

Wie wäre es mit einer Vorstellungsrunde? Vorstellungsrunden können sinnvoll, aber auch gefährlich sein. Wenn diese vorher eingeplant sind, ist es kein Problem. Ungeplante Runden in einem Teilnehmerkreis von 15 Personen können viel Zeit verbrauchen und damit Ihre ganze Planung auf den Kopf stellen. Wer sich auf jeden Fall vorstellen sollte, sind die Mitarbeiter des Anbieters. Es wäre unhöflich zu beginnen, ohne dass der Kunde und die Anwender überhaupt wissen, wer da vor Ihnen steht. Bei der eigenen Vorstellungsrunde sollten Sie dies ausnutzen, um Ihre Mitarbeiter und deren Mehrwert für genau diesen Kunden bestmöglich anzupreisen.

2.6   Inhalte der einzelnen Präsentations/ Workshopthemen

Eintreffen und erstes Kennenlernen Was eigentlich selbstverständlich ist, muss man doch nicht auf die Agenda schreiben, oder? Empfehlenswert ist es auf jeden Fall. Auf diese Weise findet man die „Neugierigen" schneller heraus, kann erste Gespräche führen und ggf. noch die ein oder andere Information vom Workshop des Mitbewerbers erhalten, der zuvor stattgefunden hat, bevor es mit dem eigenen Workshop losgeht.

Agenda und Zielsetzung – Vorstellung Anbieter Nicht alle Anwender haben die Agenda gelesen. Deswegen ist es wichtig, noch einmal auf die Agendathemen, besonders der Zielsetzung der Veranstaltung, einzugehen. Wenn Sie sich vorstellen, dann fokussieren Sie auf Ihren Mehrwert für den Kunden. So z. B. auf Unternehmen und Projekte, bei denen Sie tätig waren und verweisen Sie auf Ihre persönlichen Referenzen. Das gilt besonders für die Berater die später in der Implementierung beim Kunden tätig werden.

Unternehmensvorstellung – Ihr erfahrender Partner Je größer die Diskrepanz der Unternehmensgröße und Internationalität zwischen Anbieter und Kunde, umso eher kann die Unternehmenspräsentation mehr schaden als nutzen. Achten Sie deswegen darauf, in der Unternehmenspräsentation auf dem Teppich und dadurch mit dem Kunden auf Augenhöhe zu bleiben. Begründen Sie immer individuell, warum gerade Sie als Anbieter zum Kunden passen. Dies gilt auch besonders, wenn der Anbieter aus Sicht des Kunden sehr klein ist. In diesem Fall müssen Sie sich als unentbehrlichen, erfahrenen Spezialisten für den Kunden positionieren.

Relevante Referenzen – Ihr Mehrwert Wenige gute Referenzen detailliert erläutert, sind besser als Folien voller namhaften Logos, die branchenfremd sind. Leider wollen allzu oft Anbieter mit langen Liste und großen Namen beeindrucken. Doch das kann schnell nach hinten losgehen. Deswegen ist es auch immer sinnvoll, bei den Referenzen darauf einzugehen, warum Sie diese für den aktuellen Kunden ausgewählt haben. So z. B. hinsichtlich Ähnlichkeiten in Branche, Größe, Aufgabenstellung, gleicher Drittsysteme etc. Sollten Sie trotzdem mit einer langen Liste von Referenzlogos glänzen wollen, dann sollten Sie auch in der Lage sein, eine Story über jede Referenz zu erzählen. Ansonsten kann die Liste recht schnell wertlos werden.

Ihre neue Lösung, Hintergrund, Philosophie, Bedienung und wiederkehrende Funktionen Fangen Sie nicht einfach mit der Präsentation der Fachbereiche an, ohne vorher auf allgemein gültige und für den Anwender wichtige Funktionen und Systemphilosophien einzugehen. Wenn Bedienung, Anpassung, Hilfesystem oder

Suchmöglicheiten etc. bei Ihnen viel besser und moderner als beim Mitbewerb sind, dann sollten Sie das auch gleich am Anfang gut rüberbringen. Damit vermeiden Sie in jedem Fachbereich erneut auf diese Themen eingehen zu müssen. Natürlich müssen alle Anwender für diesen Agendapunkt anwesend sein. Kombinieren Sie die Präsentation am Rechner mit einer Folienpräsentation. Damit können Sie mehr Masse und Klasse zu den Anwendern transportieren.

Ihre Prozesse – Ihr neuer Mehrwert Dieser Themenbereich wird separat in einem eigenen Abschnitt beschrieben. Es ist wichtig, auf die Prozesse der anwesenden Anwender einzugehen und dies auch so zu kommunizieren. Schließlich müssen Sie jeden Teilnehmer für sich gewinnen. Das geht nur in dieser Form.

Mittagspause/Kaffeepausen Ja, auch die Mittagspause und Kaffepause sind ein wesentlicher Bestandteil des Workshoptages. Hier steht die Kommunikation im Mittelpunkt. Sie sollten darauf achten, dass die Pausen nicht überhand nehmen. Eine Einladung zum Essen und 1,5 h Pause kann davon ablenken wollen mit allen Punkten fertig zu werden. Vergessen Sie auch nicht in Pausen mit ALLEN Anwendern zu kommunizieren. Eine Klüngelbildung der Anbieter um den Geschäftsführer kann oft mehr schaden als nutzen.

Implementierung on Time und on Budget – so geht's Die 08/15-Folien zu einem Standard-Einführungprojekt kennt mittlerweile jeder – na ja, fast jeder. Aktuell sind eher die Themen agile Einführung vs. klassische Einführung wichtig. Darauf sollten Sie vorbereitet sein. Leider „vergessen" viele Anbieter die Einführung/Implementierung als eine potentielle „Waffe" gegen die Konkurrenz. „Tue Gutes und Rede darüber". Dies gilt hier ganz besonders. Zumal es der Mitbewerb in der Regel nicht tut.

Adressieren Sie diese Themen bei der Implementierung

- Möglicher Implementierungsplan
- Methodik – agil oder klassisch
- Werkzeuge – Zeiterfassung, Projektplanung etc.
- Kosten und Termincontrolling
- Lasten- und Pflichtenheftcontrolling
- Umgang mit Änderungswünschen (Change Management)
- Ihre „On Time und On Budget"-Statistik
- Support nach dem Go Live (Ticket System)
- Referenzzitate zu den genannten Themen

Unsere Weiterentwicklung für Ihre Branche Wenn Sie von sich behaupten, dass Sie eine Branchenlösung haben und Ihr Kunde genau diese benötigt, dann sollten Sie zum Abschluss noch einmal darauf pochen, was es Neues gibt, wie viel entwickelt wird und wie oft der Kunde davon profitiert, z. B.:

- 50 % unseres jährlichen Entwicklungsbudgets geht in Ihre Branchenlösung.
- In den letzten 10 Jahren haben wir im Durchschnitt 4 neue Mitarbeiter für Ihre Branche eingestellt.
- 1 × pro Jahr gibt es ein Minor, 1 × pro Jahr ein Major Update mit vielen neuen und Mehrwert orientierten Prozessverbesserungen etc.

Abschlussbesprechung – Ihr Eindruck – offene Punkte – nachfolgende Schritte Nach der vielen Arbeit, die Sie in die Vorbereitung gesteckt haben, ist es durchaus angebracht, ein Feedback aus dem Zuschauerraum zu bekommen. So wie der Applaus der Lohn des Künstlers ist, so ist das Feedback der Lohn des fleißigen Beraters. Das sollten Sie begründen und einfordern. Verweigert der Kunde ein Feedback sollten die roten Lampen aufleuchten. Seien Sie dann einfach so frech die Teilnehmer nach dem Termin invididuell anzusprechen. Ganz einfach mit der Begründung dass man gerne nachliefern will was möglicherweise nicht beantwortet wurde oder noch als Frage offen ist.

Es reicht, wenn Sie pro Teilnehmer folgende kurze Statements einfordern:

- Was hat gefallen? – 3 Punkte
- Wo können wir besser werden? – möglichst wenig ...
- Welche Informationen und offene Punkte müssen wir noch abklären?
- Bewerten Sie uns mit A, B oder C.

Idealerweise fangen Sie bei einem, Ihnen wohlgesonnenen Teilnahmer an. Der beeinflusst dann indirekt alle nachfolgenden Kommentare – hoffentlich in Ihrem Sinne.

> ▶ **Expertentipp** Individualisieren Sie die Agenda und den Inhalt in den einzelnen Punkten auf den aktuellen Kunden hin. Weniger Inhalt mit hoher Qualität ist dabei besser als ein Folien- und Informationsmeer, in welchem der Kunde „ertrinken" kann. Achten Sie dabei auf den individuellen Mehrwert Ihrer Aussagen.

2.7 Präsentation der neuen Kundenprozesse – „Ihre Prozesse, Ihr Mehrwert"

Ob vom Kunden oder Berater erhalten oder selber definiert, die Beispielprozesse oder Use Cases spielen in jedem Workshop und jeder Präsentation eine Schlüsselrolle. Es ist wichtig, dem Anwender zu verdeutlichen, dass Sie jeden der gewünschten Prozesse in seinem Sinne und mit einem für ihn verbundenen Mehrwert abdecken können (Abb. 2.1).

Die Darstellung des Mehrwerts ist dabei ein typisches Beispiel für den Einsatz von Präsentations-begleitenden Powerpoint®-Folien. Dabei können Sie diese entweder auf den Fachbereich „Einkauf" oder besser für die jeweilige Funktion „Einkäufer von XY" aufbauen. Pro Fachbereich/Funktion reicht in der Regel eine Folie.

Möglicher Aufbau

Fachbereich/Funktion:	Einkaufsleitung
Aufgabenstellung:	Einkaufcontrolling, Kosten, Liefertreue, Qualität, Jahresumsätze etc.
Ihre Lösung:	Einkaufscockpit – individualisiert, optimiert
Ihr Mehrwert:	Alle Daten und Zahlen auf einen Blick, einfache eigene Anpassung, Drilldown bis zum Buchungssatz, inkl. Ansicht des einzelnen Druckbelegs
Return on Invest:	Wegfall aller bisherigen manuellen Auswertungen
Kundenzitat:	„Durch den Einsatz des Vertriebscockpits konnten wir pro Monat mehr als 25 Stunden einsparen und haben bessere und aktuellere Analysen als je zuvor."
	Hans Huber – Einkaufsleiter bei der Mustermann AG

Idealerweise wird die Folie auch mit Screenshots versehen. Besonders dann, wenn diese Folien später als Handout verteilt werden.

▶ **Expertentipp** Erstellen Sie pro Fachbereich/Funktion eine oder mehrere begleitende Folien, mit denen Sie den Mehrwert Ihrer Lösung aufzeigen. Beweisen Sie Ihre Aussage durch ein entsprechendes Kunden-Referenzzitat.

Invest   Kapital   Umsatz   Zinserträge   Dividenden   Investitionskosten   Mehrwert

Abb. 2.1   ROI. (Quelle: in Anlehnung an Shutterstock)

2.8   Sind Reihenfolgen bei den Workshopterminen wirklich wichtig?

Warum wollen so viele der Anbieter immer den letzten Slot bei angesetzten Workshopterminen haben? Weil sie der Meinung sind, dass der aus Anbietersicht zu machende Eindruck beim Kunden einfach besser im Kopf bleibt.

Fakt ist, dass wenn drei Anbieter im Workshop präsentieren und der letzte Anbieter viele positive Punkte hat, manch ein Anwender die positven Erfahrungen der vorangegangenen Workshops mit der aus dem letzten Workshop kombiniert und diese zugunstenn dieses Anbieters vermischt.

Diese „Gefahr" für den Anwender stellt natürlich ein Potential für Anbieter dar. Vorausgesetzt, er ist wirklich gut und der Anwender geht recht unorganisiert ohne Fragenbogen, Skript und gute Dokumentation des Gesehenen vor. Bei geskripteten Demos und Workshops ist es völlig egal wann Sie dran sind. Dort wird die Leistung viel genauer dokumentiert, so dass es nicht entscheidend ist, ob zuerst oder zuletzt präsentieren (Abb. 2.2).

Vielleicht ist sogar der erste Slot der beste! Damit können Sie für Ihre Nachfolger die Messlatte so hoch ansetzten, dass sich jeder sehr schwer tun wird.

Abb. 2.2 123. (Quelle: Shutterstock)

2.9   Die Teilnehmer auf Anbieter und Kundenseite

Wäre es sowohl auf Kunden- als auch auf Anbieterseite nicht gut zu wissen, wer zur Veranstaltung kommt? Warum fragen dann so wenige Anbieter danach, wenn dies doch eigentlich so wichtig ist?

Je größer die Runde der Anwender, umso wichtiger ist es zu wissen mit wem man es genau zu tun hat. Dabei sollten Sie berücksichten, dass Sie sich um die Anwender nicht nur während, sondern auch vor (Vortermin) und nach der Präsentation, dem Workshop (offene Fragen) kümmern sollten.

Eine Möglichkeit ist ein „Paten-System" bei dem Sie Ihrem Berater, Vertriebsmitarbeiter oder auch dem Geschäftsführer einen oder mehrere Anwender als direkten Ansprechpartner während der Akquisephase zuordnen. Wer als Anbieter Angst bekommt, dass er mit Anrufen überhäuft wird, der wird sich wundern, da dies so nicht passieren wird. Wenn es tatsächlich so ist, bedeutet es, dass der zugeordnete Anwender beim Kunden ein großes Interesse an Ihrer Lösung hat. Das können Sie für sich im Vertriebsprozess intensiv nutzen. Viel schlimmer wäre es, wenn gar kein Kontakt aufgenommen wird. Dann würde ich mir an Ihrer Stelle eher Gedanken machen, wie hoch das Interesse an Ihrem Unternehmen und der Lösung überhaupt ist.

Idealer Teinehmerkreis des Kunden Bei ein- oder mehrtägigen Workshops ist es wichtig, einen möglichst breiten Teilnehmerkreis des Kunden einzubinden. Bei Projekten, bei denen IT-Leiter und Geschäftsführer Ihnen klar machen wollen, dass deren Anwesenheit ausreichend ist, obwohl gerade eine ERP-Lösung für ein komplettes Unternehmen ausgewählt werden soll, ist Vorsicht geboten. Zu gering besetzte Veranstaltungen weisen darauf hin, dass Sie hier als „Alibi-Anbieter" auftreten. Wahrscheinlich will man erst gar nicht, dass Sie direkten Kontakt zu den Anwendern bekommen. Es könnte ja sein, dass man Sie, aus Sicht der Anwender, besser als die Lösung des bereits avisierten Mitbewerbers findet. Achten Sie also immer darauf, dass alle präsentierten Geschäftsbereiche durch entsprechende Anwender besetzt sind.

Idealer Teilnehmerkreis des Anbieters Bei der Auswahl der Teilnehmer aus Ihrem Hause müssen Sie natürlich immer abwägen, was wirtschaftlich sinnvoll oder vertrieblich notwendig ist. Auf keinen Fall sollten Sie denken, dass Sie als Einzelkämpfer den Krieg gewinnen können oder den Workshop mit Teilnehmern Ihrerseits „überfluten". Wichtig ist, dass jeder Ihrer Teilnehmer bei der Veranstaltung eine aktive Rolle spielt. Zu viele Mitarbeiter des Anbieters, die den ganzen Tag anwesend sind, aber kaum etwas sagen oder bei Fragen unterstützend eingreifen, sind eher hinderlich als hilfreich. Der Glaube vieler Anbieter, dass viel Präsenz gut ist, kann Ihnen auch negativ ausgelegt werden. So z. B., dass später in der Implementierung auch viele Köche anwesend sind, abgerechnet werden, aber eigentlich keinen Mehrwert im Projekt liefern!

Mögliche Teilnehmer im Einzelnen (in Reihenfolge der Relevanz)

- **Designierter Implementierungsberater/Projektleiter** – muss im Workshop den Kunden nicht nur von der Lösung, sondern auch von sich überzeugen. Er ist die zentrale Person beim Termin,
- **Fachbereichsberater** – sollte komplexe oder stark erklärungsbedürftige Prozesse übernehmen. So z. B. die einer Konzernkonsolidierung in den Finanzen oder BI-Business Intelligence. Besonders dann, wenn der allgemeine Implementierungsberater/Projektleiter hier nicht über ausreichend tiefe Kenntnisse verfügt. Dieser Teil der Präsentation kann übrigens auch online erfolgen.
- **Pre-Sales-Berater** – wird meist von internationalen Unternehmen eingesetzt. Da er später im Projekt meist keine Rolle mehr spielt, sollte er sich auf jeden Fall die Präsentation mit dem Implementierungsberater teilen und nicht komplett übernehmen.

- **Vertriebler** – sollte die Veranstaltung moderieren, die Teilnehmer koordinieren und die Zeiten überwachen.
- **Geschäftsführer** – kann die Unternehmenspräsentation machen, sollte aber auch z. B. durch Aussagen und Zusagen zu Terminen, Verfügbarkeiten oder kostenlosen Zusatzleistungen einen Beitrag leisten. Seinen Mitarbeitern sollte er den Großteil der Agenda überlassen.

Natürlich können Bereichsleiter, wie der Bereichsleiter Implementierung und andere auch Teile des Workshops oder des Termins übernehmen. Achten Sie immer darauf, ausreichend mit den Personen zu präsentieren, die später auch im Projekt eine Rolle spielen. Ansonsten kann dies Unsicherheit erzeugen und Ihnen negativ ausgelegt werden. Wenn Sie mit Partnerunternehmen auftreten, sollten Sie darauf achten, hier nur Fachberater einzubeziehen. Geschäftsführer oder Vertriebler von mehreren Unternehmen, die letztendlich auch keine aktive Rolle spielen, sind hier nicht angebracht. Das kann so ausgelegt werden, dass hier Uneinigkeit in der Verantwortung herrscht.

Gefährlich wird es dann, wenn die Zielsetzungen der Partner nicht abgestimmt sind und beim Termin gar gegensätzliche Aussagen der beiden „Partnerunternehmen" gemacht werden. Generell sollten Sie den Auftritt eines großen Teams aus Ihrem Hause mit dem Kunden im Vorfeld abklären und die Rollen der einzelnen Teilnehmer im Termin definieren.

Was machen wir mit dem Betriebsrat? In größeren Unternehmen sitzt auch der Betriebsrat bei Workshops und Präsentationen am Tisch. Er kann eine Gefahr für Ihr Projekt darstellen, wenn Sie ihn ignorieren. Er sollte also nicht erst als Überraschung bei einer Präsentation auftauchen, bei der er Ihnen gefährliche Fragen zum Thema „Überwachungstaat" stellt und damit negative Stimmung aufbauen kann. Sie sollten sich im Vorfeld erkundigen, ob und welche Rolle der Betriebsrat spielt, wie Sie mit ihm umgehen sollen und ob Sie gegebenenfalls einen separaten Termin vereinbaren, um mindestens eine Neutralisierung während der Veranstaltung zu erreichen.

Wie sollte man mit unerwarteten „Gästen" umgehen? Ab und zu kann es passieren, dass plötzlich jemand auftaucht und keiner weiß, wer es ist. Wenn Sie im Vorfeld bereits die Teilnehmerliste klären konnten, dann sollten Sie auf jeden Fall immer kurz vor Beginn der Veranstaltung beim Kunden nachfragen, ob sich in der Teilnehmerliste etwas geändert hat. Wenn dann ein „Berater" ohne Visitenkarten auftaucht, sollten bei Ihnen die Alarmglocken läuten. Nicht, dass der vom Kunden bevorzugte Anbieter hier einen Spion eingeschleust hat.

▷ **Expertentipp** Nutzen Sie den Namensschildertrick! Lassen Sie Ihre Sektretärin keim Kunden anrufen mit der Begründung, Sie müsse Namensschilder für die Präsentation für die Tische erstellen und benötigt dafür Name und Funktion. Sie werden überrascht sein, in wie vielen Fällen Sie damit durchkommen. Zumal es für alle einen Vorteil hat, zu wissen, mit wem man spricht, wenn man vor 15 Anwendern im Workshop sitzt.

2.10 Warum sind Daten in einer Präsentation so wichtig?

Ist das nicht eine recht merkwürde Frage? Schließlich basieren alle mir jemals präsentierten Softwarelösungen auf Funktionen/Masken mit entsprechenden Daten. Ohne Daten kann man in der Regel gar keine Funktionen zeigen. Umso verwunderlicher ist es, dass Anbieter reihenweise mit leeren Masken in Präsentationen auftauchen. Der Anwender ist dann angehalten, sich in seiner unendlichen Vorstellungskraft auszudenken, wie es wohl sein könnte, wenn hier sinnvolle Daten stehen würden. Kein Problem, denkt sich der ein oder andere Anbieter dann. Wir können ja mal schnell den Testkunden in der Teststraße im Testort einen Testartikel kaufen lassen, der vom Testlieferanten geliefert wird. Herzlichen Glückwunsch! Sie haben Ihrem potentiellen Kunden gerade einmal wieder bewiesen, wie wichtig eine gute und sinnvolle Vorbereitung ist.

▷ **Expertentipp** Achten Sie darauf, nur mit Systemen zu präsentieren, die auch Daten enthalten. Wenn spezifische Funktionen und Prozessergebnisse gezeigt werden müssen, sollten diese sinnvoll und nachvollziehbar sein.

2.11 Wie setzt man kundenindividuelle Daten am sinnvollsten ein?

Viele Anbieter verlangen von den Anwendern viel Vorstellungskraft, wenn es zum Thema Daten im Demo-System kommt. Da kommt schon einmal die Aussage: „Stellen Sie sich einfach vor, dass das Fahrrad hier Ihr Maschinenblock wäre, der Rest passt ja". Nein, der Rest passt nicht und das Fahrrad schon gar nicht.

Die Präsentation mit kundenspezifischen Daten ist ein Schlüssel zum Erfolg. Nur so können die Anwender die von Ihnen avisierten Mehrwerte auch sinnvoll nachvollziehen. Es ist sicher aufwending (von Lösung zu Lösung natürlich unterschiedlich hoch), durchgängig mit Kundendaten zu arbeiten. Unterschätzen Sie diesen Effekt nicht und nutzen Sie ihn intensiv, wenn es für Sie einfach ist, Kundendaten in die Präsentation zu integrieren. Achten Sie darauf, den Kunden rechtzeitig nach der Zurverfügungstellung dieser Daten zu fragen. Am besten verfügen Sie bereits über entsprechend gut dokumentierte Vorlagen zum Hochladen von Daten (ggf. auch auf MS-Excel®-Basis).

Wenn Sie mit wenig Aufwand viele Daten im System aufzeigen können, dann werden Sie dem Kunden auch suggerieren, dass die Datenmigration für Sie einfacher ist als für Ihren Mitbewerber.

Wir alle wissen, dass dies durchaus nicht so sein muss und der Kunde hier selbst eine falsche Annahme getroffen hat. Sei es drum. Nutzen Sie diesen Vorteil im Vergleich zum Mitbewerb.

> **Expertentipp** Bei Tagesworkshops oder individuellen Präsenationen sollten immer Daten des Kunden (wenn auch nur in Teilbereichen) zum Einsatz kommen. Insofern wenig Aufwand hierfür notwendig war und der Kunde begeistert ist, können Sie einen positiven Eindruck in Bezug auf die später anstehende Datenübernahme beim Kunden machen.

2.12 Die genialste Datenbank-Präsentationsfunktion der Welt

Ganz schön hoch gegriffen, oder? Wer aber wie ich ca. zwanzig Jahre als Berater und Vertriebler Softwarepräsentationen und Workshops selbst gestalten musste, hat hier eigene Erfahrungen gemacht. Besonders bei den kundenindividuellen Daten. Bei einer der zu präsentierenden Lösungen war ich überrascht, tatsächlich eine sehr geniale Funktion in den Administrationsfunktionen nutzen zu können. Mit dieser Funktionen war man in der Lage eine Artikelnummer *komplett* in der gesamten Datenbank durch eine neue Artikelnummer zu ersetzen. Der Clou dabei: *alle* Daten, inkl. Historien- und Bewegungsdaten, wurden dabei ebefalls mit der neuen Artikelnummer versehen.

Auf diese Weise war es möglich, aus einer Stückliste von einem Fahrrad, für die einmal viel Aufwand in die Erstellung einer Präsentationsdatenbank mit Aufträgen, Stücklisten etc. getrieben wurde, in die Stückliste einer Baugruppe aus dem Maschinenbau umzuwandeln.

Natürlich werden durch diese Funktion nicht alle Mengen direkt korrigiert, z. B. wenn im Fahrrad 3 Schrauben und in der Baugruppe anstatt 6 Verbundungselemente mehr notwendig waren. Die Basis war aber da. So konnte man mit extrem wenig Aufwand eine auf den ersten Blick komplett auf den Kundenbedarf individualisierte Präsentationsdatenbank schaffen – inklusive Historiendaten, Auswertungen etc.

Das ist genial und spart eine Menge Zeit. In der Präsentation war dafür gesorgt, dass man nicht mit leeren Masken, fehlenden Aufträgen oder nicht vorhandenen Auswertungen aufwarten muss. Die Werte waren zwar nicht immer stimmig, aber sie waren vorhanden. Das macht bei einer Softwarepräsentation einen riesigen Unterschied!

▷   **Expertentipp** Prüfen Sie, ob sich eine derartige Funktion auch in Ihrem System umsetzen lässt. Ihre Berater werden es Ihnen danken und die Kunden werden von der Menge und Qualität der individualisierten Daten beeindruckt sein.

2.13   Ist es sinnvoll, Beta-Versionen zu präsentieren?

Natürlich will man dem Kunden immer das Neueste vom Neuesten präsentieren. Dabei stellt sich jedoch die Frage, ob dies wirklich sinnvoll ist. Solange der Mehrwert überwiegt und das Risiko kalkulierbar und kontrollierbar ist, kann es sich durchaus lohnen.

Wägen Sie unter den nachfolgen Kriterien ab, wie hoch Ihr Risiko tatsächlich sein kann:

- Der benötigte Kunden- oder Teilprozess kann ohne wesentliche Störungen oder Programmabbrüche präsentiert werden (vorher testen!)
- Die Präsentation kann ohne wesentliche Medienbrüche oder gravierend unterschiedliche Bedienungsuberflächen durchgeführt werden (es sein denn, das Komplettsystem kann auf Basis diesern neuen Technologie bei Implementierung und Go-Live zum Einsatz kommen).
- Der präsentierende Berater kann Fragen zur Beta-Version beantworten.
- Die Beta-Version wird im Rahmen der Implementierung zu Einsatz kommen.
- Zum Go Live ist aus der Beta-Version eine Live-Version geworden.
- Alle Drittsysteme sind zum Go Live auch bereits in die jetzige Beta-Version integriert.

▶ **Expertentipp** Wägen Sie genau ab, ob Sie tatsächlich eine Beta-Version mit limitiertem Risiko präsentieren können. Alternativ sind einige Screenshots mit Erläuterungen vielleicht sogar die bessere Alternative.

2.14 Können Videos Präsentationen oder Workshops ersetzen?

Kennen Sie das J(ein) als klare Aussage auch? Genauso ist es hier. Kurze Präsentationen bis max. 30 min können durchaus mit Videos ersetzt werden. Dabei sollten Sie aber darauf achten, dass die einzelnen Sequenzen max. 5 bis 10 min lang sind. Idealerweise haben Sie die 30 min in 6 Videos zu je 5 min verpackt. So können Sie sicherstellen, dass Kunde und Anwender nicht das Interesse verlieren.

Workshops können durch ein Video definitiv nicht ersetzt werden. Da hier vielmehr auf individuelle Anforderungen eingegangen werden muss, ist die Kommunikation mit dem Anwender und Kunden sehr wichtig. Ein Video ist eine Einbahnstraße. Ohne direkte Rückmeldung ist dies deswegen „totes" Kapital, da der Aufwand zur Erstellung individueller Videos viel zu groß wäre.

In einem Präsenzworkshop ist das einfacher möglich. Wer nebenbei E-Mails schreibt, 5 × am Tag für wichtige Meetings den Raum verlässt und seitenweise Kunstwerke auf seinen Block kritzelt, ist entweder gelangweilt oder hat an Ihnen kein Interesse. Bei einem Video ist es problematischer. Wer weiß schon, ob Herr Müller tatsächlich aufmerksam zusieht oder sich gerade am Kaffeeautomaten bedient. Selbst ein Anruf bei jedem potentiellen Anwender hilft wenig, da er Sie schlicht und einfach anlügen wird, um Sie wieder loszuwerden.

Videos sollten deswegen nur eine Ergänzung sein, aber nicht die Kommunikation mit dem Anwender ersetzten wollen. Eine Online-Präsentation mit einer gewissen Interaktion mit den Teilnehmern ist deswegen die weitaus bessere Alternative.

2.15 Keine Zeit als Ausrede zählt nicht!

Vorbereitung? Dry run? Qualitätskontrolle und Checklisten? Spätestens jetzt fragen Sie sich, ob ich als Autor schon einmal in der „echten" Vertriebswelt gelebt habe. Ja, das habe ich. Nach mehr als 30 Jahren IT und hunderten von Softwarepräsentationen und Workshops weiß ich genau, von was ich rede. Zeit für gute Vorbereitung ist dabei relativ. Wer Sie richtig einsetzt, gewinnt! Wer Sie falsch einsetzt und dabei auf zu vielen Hochzeiten tanzt, der verliert.

Nehmen Sie sich dies zu Herzen, wenn Sie meinen, mal wieder nicht genug Zeit zu haben

- Wer sich gut vorbereitet und organisiert, der braucht weniger qualifizierte Interessenten, um sein Umsatzsoll zu erreichen.
- Wer keine Zeit hat, ist nicht gut organisiert. Wer andere Termine wahrnimmt, anstatt sich für wichtige Aufträge vorzubereiten, die er auch gewinnen will, kann nicht qualifizieren.
- Wer einen Auftrag wegen einer schlechten Präsentation oder eines schlechten Workshops verliert, ist selbst schuld, wenn er sich nicht ausreichend vorbereitet hat.

Während der Präsentation/des Workshops

3

3.1 Zeitmanagement

Immer, wenn ein Kunde oder Berater Anbietern eine Vorgabe macht, was beim Workshop adressiert werden soll, ist die generelle Aussage der Anbieter, dass die Zeit viel zu knapp bemessen ist. Es steht außer Frage, dass jeder Kunde so viel wie möglich in einen Tag hineinpacken will. Es steht aber auch außer Frage, dass man mit einer hervorragenden Organisation, einer bewährten Methodik und entsprechender Vorbeitung fast immer alle vom Kunden gewünschten Themen adressieren kann. Es sei denn, die von Ihnen vertriebene Lösung ist extrem umständlich bei der Datenpflege, Sie nehmen sich keine Zeit oder haben keinen, der die Vorbereitung machen will oder kann.

So funktioniert Ihr Zeitmanagement

- Gehen Sie die Anforderungen bzw. das Skript durch und versehen Einzel- oder Gesamtpunkte mit einem Zeitaufwand, um so den Gesamtaufwand hochzurechnen (erst danach haben Sie das Recht, sich über die zu knapp bemessene Zeit zu beschweren!).
- Machen Sie einen Testlauf von Workshop und Präsentation, um zu sehen, ob die zuvor geschätzten Zeiten auch tatsächlich umsetzbar sind.
- Fokussieren Sie sich auf die Vorgaben und weichen Sie nicht vom Skript ab. Ergänzungen können Sie dann vornehmen, wenn ungeplant Zeit übrig ist.
- Teilen Sie die Präsentation in Live-Software und Folien ein. Somit können Sie in einigen Bereichen Zeit sparen, in denen einige Folien ausreichen und schneller als eine Live-Präsentation sind.
- Definieren Sie in Präsentation und Workshop einen „Time Lord", der die Zeiten überwacht.

© Springer Fachmedien Wiesbaden GmbH, ein Teil von Springer Nature 2018
C. Groß, *Software in Workshops perfekt präsentieren*, essentials,
https://doi.org/10.1007/978-3-658-22079-2_3

Zeit. (Quelle: Shutterstock)

Wie ist das Vorgehen bei minutengenauen Zeitvorgaben von Skripten? Auch wenn ich es für absoluten Unsinn halte, so gibt es doch einige Berater, die in Ihrem Skript auch kleinste Details in 5-Minutenblocks aufteilen und den Anbieter auffordern, dies auch genau so einzuhalten. Für eine Hochrechnung des Zeitaufwands mag das ja noch gelten, für einen gesamten Tag ist es aber ein völlig unnötiger Stressfaktor, der nicht besonders zielführend ist. Versuchen Sie, in solch einer Situation für gewisse Blöcke eine Gesamtzeit zu vereinbaren und lassen Sie sich die Freiheit des eigenen Zeitmanagements übertragen. Schließlich soll es Ihr Risiko sein, wenn Sie nicht fertig werden. Alle 5 min an den Terminplan erinnert zu werden, macht keinen Spaß, weder Ihnen noch dem Kunden.

▶ **Expertentipp** Machen Sie einen Testlauf, um zu sehen, wie die zuvor geschätzte Zeit umsetzbar ist. Definieren Sie, wie Sie mit dem Zeitmanagement umgehen wollen und stellen Sie immer jemanden ab, der auch auf die Uhr schaut.

3.2   Teilnehmerklassifizierung – der menschliche Faktor

Ob Anbieter oder Anwender – in Präsentationen und Workshops finden Sie alle möglichen Typen von Menschen. Die einen sind einem angenehm, die anderen unangenehm und manche nimmt man gar nicht erst wahr. Nachfolgend werden die einzelnen Typen etwas genauer dargestellt. Dies kann helfen, zu erkennen, welcher Typ Sie sind und ob das geschilderte Verhalten auch zielführend im Sinne des von Ihnen gewünschten Ergebnisses ist.

Keine Frage, situationsbedingt können verschiedene Typen aus dem Hause des Anbieters in einem Fall positiv, in einem anderen Fall negativ beim Kunden ankommen. Das kommt immer auf Ihr Gegenüber an und ob Sie Typen gezielt einsetzen oder diese quasi ohne Kenntnisse der möglichen Reaktion auf den Kunden loslassen. Bei den Anwendern ist es wichtig zu erkennen, wie man mit diesem Typen umgehen kann, ohne sich nicht komplett aus dem Konzept werfen zu lassen.

Menschen. (Quelle: Shutterstock)

Beispielhafte Typen bei Softwareanbietern

Der „Ich liebe meine Software"-Typ „Ist das nicht toll, und das auch noch und … Bevor wir gehen, muss ich Ihnen genau das noch zeigen". So oder so ähnlich kommt dieser Typ rüber. Ihm ist es egal, ob der Kunde diese Funktionen braucht oder nicht. Auch ein Skript interessiert diesen Typen nur am Rande. Besonders, wenn er denkt, dass man die besten Funktionen der Lösung im Skript gar nicht erst beschrieben hat. Wenn dann die Zeit davonrennt kann es sein, dass dieser Typ Ihnen gerade dazu verholfen hat Ihr Ziel, d. h. die bestmögliche Präsentation auf Basis der Kundenanforderungen durchzuführen, zu verfehlen.

Der „Schönheitswettbewerb"-Typ Meist eher in reinen Präsentationen zu finden, will dieser Typ Ihnen am liebsten nur das präsentieren, was „sexy" aussieht und „bunt" ist. Grafiken, Landkarten, farbige Auswertungen, einfach alle Funktionen mit viel Schnickschnack. Ob der Kunde dies wirklich braucht oder nicht, ist eigentlich egal. Wenn Sie es mit diesem Typen als Anbieter fertigbringen, Ihre Teilnehmer an Workshop oder Präsentation zu begeistern, ohne auf die eigentliche

Zielsetzung einzugehen, haben Sie gewonnen. Wenn Sie aber „mündigen" Kunden gegenübersitzen, dann geht auch dieser Schuss vielleicht nach hinten los. Lassen Sie diesen Typen agieren, wenn Sie das Risiko in Bezug auf Ihr Publikum einschätzen können. Ansonsten halten Sie ihn am Besten mit Regeln und einem Skript im Zaum.

Der „Ich mache alles wie ich es will, weil es so besser funktioniert"-Typ Für manchen Anbieterberater ist es anstrengend, wenn Unternehmensberater dem Kunden eine geskriptete Demo aufgeschwätzt haben. Dabei könnte man das ja ganz anders viel besser präsentieren. Also tun sie es einfach. Die vorher abgestimmten Skripte werden einfach ignoriert. Auf mehrfache Anmahnung, dass wir doch eigentlich die Punkte aus unserem Skript sehen wollen, wird irgendwann nachgegeben. Leider stellt sich heraus, dass der Anbieter natürlich nicht auf das vorliegende Skript vorbereitet ist. Der „Todesstoß" folgt prompt nach dem letzten Brötchen beim Mittagessen. Auf Wiedersehen und „good bye". Schade, denn eigentlich hätte die Lösung alles bieten können, wenn nur dieser Typ Berater vom Anbieter nicht gewesen wäre.

Der „Ich präsentiere alles selber, weil ich es besser kann"-Typ Zum Workshop kommt der Anbieter mit 4 Personen – dem Geschäftsführer, 2 Beratern und einem Vertriebler. Alle haben einen ganzen Tag für den Workshop Zeit. Wobei der Geschäftsführer als Unternehmensgründer und ehemaliger Entwicklungschef sein System in- und auswendig kennt. Leider ist er auch noch der „Ich liebe meine Software"-Typ. Schlimmer kann es nicht kommen. Er bestreitet 90 % des Tages als Alleinunterhalter. Keiner seiner Mitarbeiter traut sich etwas zu sagen. Zum Schluss wird die Frage gestellt, ob er nun auch die Implementierung als Projektleiter betreuen wird. Auf das folgende „nein" bricht sein Kartenhaus beim Kunden zusammen. Schließlich konnte man während des ganzen Tages die eigentlichen Berater nur im Smalltalk kennenlernen. Sinnvoller wäre es gewesen die Agenda vorher aufzuteilen und damit allen Mitarbeitern die Chance zum „Glänzen" zu geben.

Der „Ich bin ein Präsentationsgenie und brauche keine Vorbereitung"-Typ Wenn Ihr Kunde von Ihnen eine freie Präsentation will, kann dieser Typ durchaus der Richtige sein. In Workshops, in denen es auf Skripte und das Einhalten von Regeln ankommt, ist dieser Typ eine tickende Zeitbombe. Als Vorgesetzter sollten Sie deswegen bei diesem Typen vorsichtig sein und die Vorbereitung genau kontrollieren. Im Workshop selbst muss er einen erfahrenen Kollegen an der Seite haben, der das „Genie" steuern kann, damit Sie das Ergebnis erzielen, welches Sie auch geplant haben.

▶ **Wichtig** Um erfolgreich sein zu können, müssen Sie Ihren Typ genau kennen bzw. den Ihrer Mitarbeiter.

Als Vorgesetzter ist es wichtig, genau zu erkennen, wer in welcher Rolle und bei welchem Kunden am besten passt. Hier gilt dann der Spruch „was nicht passt, wird passend gemacht". Was jedoch nicht bedeutet, dass Sie den „Holzhammer" rausziehen sollen, sondern dass Sie den Mitarbeiter dabei unterstützen müssen, sich weiterzuentwickeln!

Beispielhafte Typen bei den Anwendern

Der „Ich bin seit 25 Jahren in der Firma"-Typ Berühmt und berüchtigt ist diese Art von Anwender. Dabei ist es eine Kunst, die „Erfahrung" dieses Anwenders so zu beschreiben, dass Sie ihn in seiner „Wichtigkeit" bestätigen und damit vielleicht auf Ihre Seite ziehen können. Dieser Anwender passt auch sicherlich in das Schema „Wir haben das schon immer so gemacht".

Der „Wir haben das immer schon so gemacht"-Typ Dieser Typ ist eine echte Herausforderung. Anstatt zu versuchen, die Verbesserung bestehender Funktionen auszustechen (meist schwer bei intensiv individualisierten Systemen), kann es sinnvoll sein Themen zu finden, die z. B. noch manuell abgewickelt werden oder Prozesse und Funktionen aufzuzeigen, die so heute noch gar nicht relevant sind, aber mit der Unterstützung neuer IT umgesetzt werden müssen. Punkten können Sie dann, wenn Sie Prozessunterstützungen aufzeigen, die diesem Typ z. B. auf Basis gesetzlicher Anforderungen das Leben wesentlich erleichtern werden oder ihm aus der „Patsche" helfen, in die er kommen wird, wenn Sie ihn nicht schon im Vorfeld davor bewahrt hätten.

Der „Bei Anbieter XY geht das aber so"-Typ Hier sitzt jemand, der sich eigentlich schon entschieden und wohl keine Lust mehr hat, sich mit Ihnen zu beschäftigen. Sie müssen ihn mindestens neutralisieren. Das geht dann, wenn Sie während der Präsentation Punkte finden, die der Mitbewerb nicht kann, für den Teilnehmer relevant sind und ihn dazu bekommen die „Genialität" dieser Funktion vor den anderen Teilnehmern zu bestätigen. Denn derartige „Nörgler" beeinflussen leider die anderen Teilnehmer bei deren Entscheidung. Wenn Sie es fertigbringen, einige Punkte zu finden, bei denen der Nörgler einen positven

Effekt zugeben muss, dann können Sie seine negativen Bemerkungen vielleicht neutralisieren.

Der „Ich sage und frage lieber gar nix"-Typ Dieser Typ scheint harmlos, kann aber besonders gefährlich sein. Denn wer in der Veranstaltung schweigt, macht dies in der Regel später im eigenen Umfeld nicht. Versuchen Sie deshalb die „sprachlosen" Teilnehmer aus der Reserve zu locken, um diese besser einschätzen zu können. Nicht, dass Sie gerade Ihrem „Totengräber" gegenüber gesessen haben, der nur Munition gegen Sie sammelt und Sie es gar nicht gemerkt haben.

Der „Ich finde alles toll, was ich sehe"-Typ Herzlichen Glückwunsch, hier scheint sich einer der Anwender bereits für Sie entschieden zu haben. Das sollten Sie natürlich ausnutzen. Vorausgesetzt Sie wissen, welchen Einfluss der Anwender hat. Wenn er von seinen Kollegen als „Schwätzer" angesehen wird, kann eine Ansprache vor der Gruppe schnell nach hinten losgehen. Sie können Ihrem „Wohlgesinnten" bestimmt nach der Präsentation jede Menge nützliche Informationen rauslocken. Tun Sie das auch. Wenn Sie ihn bereits im Vortermin entdeckt haben, dann hat er diese Informationen hoffentlich bereits im Vorgeld geliefert.

▶ Natürlich gibt es noch jede Menge anderer Typen von Teilnehmern. Wichtig ist, dass Sie sich darüber Gedanken machen, ob und wie Sie diese im Vortermin, der Präsentation oder danach adressieren können.

▶ **Expertentipp** Versuchen Sie sich und Ihre Kollegen zu „typisieren", um besser zu verstehen, ob und wie die einzelnen Typen vorteilhaft in der Präsentation eingesetzt werden können. Machen Sie es genauso mit den Anwendern. Am besten schon beim Vortermin. Je früher Sie wissen, wer Ihnen gegenübersitzt, umso besser können Sie darauf eingehen und damit umgehen.

3.3   Der Kunde verdient Ihre volle Aufmerksamkeit!

Wie oft haben Sie als Mitarbeiter des Softwareanbieters eigentlich schon Ihre eigene Software gesehen? Wenn Sie eine Weile dabei sind, vielleicht bereits schon hunderte Male. Wie oft aber haben Sie schon die Reaktion des Kunden und dessen Anwender wahrgenommen, bei dem Sie gerade präsentieren? Noch nie, weil Sie zum ersten Mal präsentieren? Warum starren Sie dann eigentlich wie gebannt auf die Leinwand oder den Fernseher und bekommen erst gar nicht die „Uhs, Ahs oder Ähs" der Teilnehmer mit? Nur so können Sie erkennen, ob es gerade eher gut oder schlecht läuft. Drehen Sie sich um und schauen Sie Ihrem Kunden tief in die Augen. Es lohnt sich! Das gilt übrigens auch für den Präsentator. Meistens schaut der nämlich auf seinen eigenen Bildschirm und die Präsentationsfläche. Wenn es irgendwie geht, sollten Sie nicht mit dem Rücken, sondern mit Ihrem Gesicht zum Kunden sitzen!

Ein weiterer Punkt, bei dem die meisten Anbieter ihre Chancen viel zu wenig nutzen, sind die Pausen. Ob stehend beim Kaffee oder sitzend beim Mittagessen, hier gibt sich endlich die Chance mit allen Anwendern in ein persönlicheres Gespräch zu kommen. Zugegebenermaßen ist das nicht jedermanns Sache, schließlich sind Sie ja hier, um ein mögliches Kundenverhältnis aufzubauen. Das geht nicht, wenn die Anbieter während der Pausen den Raum verlassen, sich Mittags geschlossen an einen Tisch setzen oder sich irgendwo in eine Ecke verdrücken und hoffen, nicht angesprochen zu werden.

▶ **Expertentipp** Platzieren Sie sich bei der Veranstaltung so, dass Sie zwar die Präsentation, aber noch viel besser die Gesichter der Teilnehmer sehen können. Nur so können Sie bei einer „sauren Miene" fragen, ob etwas gerade nicht gefällt und dem sofort entgegenwirken. Vergessen Sie nicht, in den Pausen aktiv Kontakt aufzunehmen.

3.4   Die Sitzordnung

Als Anbieter sollten Sie nicht in der ersten Reihe sitzen. Es kommt aber oft vor, dass die Mitarbeiter der Anbieter die besten Plätze besetzen und dann noch mit dem Rücken zum Kunden. Viel schlimmer ist es, wenn alle Mitarbeiter des Anbieters Platz genommen haben und dann für die etwas später kommenden Anwender einige Zusatzstühle in der Ecke des Raums aufgestellt werden müssen. Da heißt es: Anstand zeigen und dem Anwender die besseren Sitzplätze mit Schreibmöglichkeit anbieten!

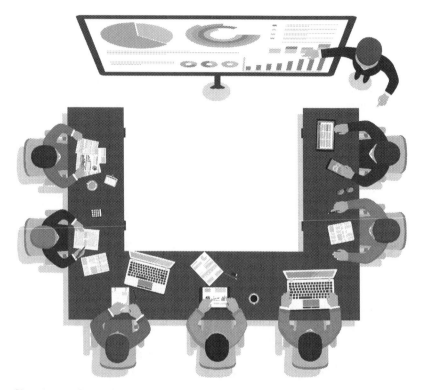

Sitzordnung. (Quelle: Shutterstock)

Eine U-Form in der Sitzordnung ist besser als Schulbankreihen. So können Sie die Teilnehmer besser beobachten.

▷ **Expertentipp** Prüfen Sie die Workshop-Räumlichkeiten beim Vortermin und legen dort bereits die Sitzordnung fest.

3.5   Online versus Präsenz beim Kunden – Es muss nicht immer vor Ort sein!

Anbieter Vertriebsleiter: „Darf ich vorstellen, Frau Meier, unsere Expertin für das Electronic Banking und Cash Flow Management. Sie wird Ihnen in den nächsten 30 min alle Funktionalitäten präsentieren. Herzlichen Dank, Frau Meier, dass Sie für unseren Kunden extra von Hamburg nach München gekommen sind und sich die Zeit nehmen. Damit wollen wir Ihnen, lieber Kunde beweisen, wie wichtig Sie uns sind!" Verwechselt der Anbieter hier gerade Zeit- und Geldverschwendung mit der Wertschätzung des Kunden?

Für diesen Fall gibt es ausgereifte Lösungen, um kurze Sequenzen über das Internet zu präsentieren.

Kameras, um die nette Frau Meier kurz persönlich zu sehen, gibt es auch. Was liegt da näher, als dem Kunden auf diese Weise zu verdeutlichen, dass man selbst modernste Technologie einsetzt. Besonders mit dem Verweis, dass dies auch im Bereich der Implementierung so gemacht wird, um den Kunden Reisekosten und den Mitarbeitern Reisestress zu ersparen. Schon haben Sie mit zwei Themen gepunktet, die gar nicht auf der Agenda standen.

Ansonsten gibt es nur zwei Gründe, warum, wie in diesem Beispiel geschildert, Frau Meier doch vor Ort sein sollte:

1. Sie war ohnehin bereits in der Niederlassung in München und musste nur 10 min zum Kunden fahren.
2. Um den Auftrag zu gewinnen, sind die Anwender aus der Finanzbuchhaltung ein Schlüssel im Vertriebsprozess. Wenn Frau Meier also persönlich punktet, kann dies einen erheblichen Mehrwert für den Anbieter bedeuten. Ob dafür insgesamt 30 min ausreichend sind, ist jedoch fraglich.

Bedenken Sie auch bei Ihrer Terminplanung, dass ein kurzer Termin mit persönlicher Anwesenheit nicht als letzter Punkt auf Ihrer Agenda steht. Ansonsten kann es vorkommen, dass keine Zeit mehr bleibt und Frau Meier umsonst angereist ist.

▶ **Expertentipp** Wählen Sie ein Online-Präsentationssystem, mit dem beim Kunden keine Probleme zu erwarten sind und mit dem der Kunde keine Software installieren oder testen muss. Testen Sie außerdem im Vorfeld *jeder* Online-Präsentation, ob Bandbreite, Auflösung und Technik funktionieren. Besonders wenn Sie mit VOIP arbeiten wollen. Nicht jeder Kunde hat Mikrofon und Lautsprecher am Arbeitsplatz.

3.6 Welche Rolle spielt die eingesetzte Technologie bei Präsentationen und Workshops?

Wer sich vom Mitbewerb hervorheben will, der sollte sich nicht nur auf den PC als Präsentationsmedium beschränken. Während Ihr Mitbewerb vielleicht nur darüber redet oder theoretisiert, wäre es sinnvoll, hier mit praktischen Anwendungen in der Präsentation aufzuwarten.

Beamer oder Fernseher? Hat der gute, alte Beamer ausgedient? Ganz klar, wenn der Kunde ein SUHD TV mit hoher Auflösung und 55″ Bildschirmdiagonale hat. Ansonsten kann es sein, dass Ihre tolle Software mit den vielen Funktionen und Fenstern wie eine zusammengematschte Tomate am Bildschirm rüberkommt. Ihre Ausrede, dass dies später am eigenen 27″ Bildschirm (den in dieser Firma sicherlich schon alle Mitarbeiter haben, ha ha,) viel besser aussieht, kann die Anwender erst einmal nicht beruhigen. Wenn Ihr Notebook einen HDMI-Anschluss hätte, dann könnten Sie auch mit der Präsentation fortfahren. Beim Kunden gibt es nämlich keinen VGA-Anschluss oder Sie haben mal wieder Ihren Adapter vergessen. Gut, dass es moderne „Online-Präsentationslösungen" gibt. So kann sich in diesem Fall Softwareberater A (der mit dem HDMI-Anschluss) über Webex®, Teamviewer® und Co. mit seinem Kollegen, Berater B, verbinden und quasi den Bildschirm seines Kollegen auf den Fernseher projezieren. Wer sicherstellen will, dass Farbechtheit und Auflösung passen, der sollte vielleicht doch zum Beamer und der eigenen Leinwand greifen. Machen Sie nicht die Annahme, dass ein moderner Besprechungsraum die Ausstattung hat, mit der Sie Ihre Lösung bestmöglichst präsentieren können. Bei der Ausstattung dieser Räume denken nicht alle IT-Mitarbeiter und Einkäufer an die Anforderungen einer digitalisierten Welt.

Übrigens: Moderne, hochauflösende Fernseher können mit der richtigen Ausstattung durchaus auch viele Vorteile haben, so z. B. die direkte Projektion von mobilen Endgeräten oder Tablets auf den Fernseher. Leider nutzt dies so gut wie kein Anbieter. Oft wissen diese nicht einmal dass so etwas schon technisch funktioniert!

Dokumentenscanner und Drucker? Wann haben Sie zum letzten Mal einen Drucker oder Dokumentenscanner bei Kunden verwendet? Wenn Sie ein Dokumenten-Management-System verkaufen, gar mit OCR-Erkennung und Druck von Barcode-Aufklebern zur automatischen Scannung sollte Ihre Antwort besser nicht „nie" oder „vor 20 Jahren" sein. Fast alle Anbieter unterschätzen den „Oho und Aha"-Effekt bei den Anwendern, die mit dieser Technologie noch nie oder bisher wenig in Berührung gekommen sind.

Mobile Endgeräte und Handscanner? Ob Handy oder Tablet, bei vielen Lösungen wird diese Technologie durch den Einsatz spezieller Apps mittlerweile unterstützt. Leider sind nur wenige Anbieter auch in der Lage, dies voll integriert zu präsentieren. Man bekommt weder eine direkte Integration mit dem gerade genutzten Demo-System auf die Reihe, noch ein Screen-Sharing des Bildschirms des mobilen Endgerätes auf dem TV oder dem Beamer. Anstatt der Projektion läuft einer der Mitarbeiter des Anbieters zwischen den Anwendern hin und her und zeigt den Bildschirm des mobilen Endgerätes. Alternativ wird das Gerät in der Runde herumgereicht, wobei jeder herumklicken darf. Dass hier eine Menge Zeit und Effizenz verschwendet wird, kommt kaum einem Anbieter in den Sinn. Dabei sind gute Screen-Sharing-Lösungen auch für mobile Endgeräte kein Thema mehr.

Der gute, alte PC-Switch? Kennen Sie noch den PC-Switch? Eine Box, an der ein Beamer und 2 PCs angeschlossen waren. Das war eine tolle Idee, denn nur so konnte man von einem Präsentator zum anderen hin und herschalten. Technisch gesehen, geht das auch heute. Prüfen Sie mal, ob es nicht besser ist als ein HDMI-Kabel von einem zum anderen Präsentator weiterzugeben.

Wie sieht es mit der Internet-Verbindung aus? Es gibt kaum noch einen Termin, in dem das Internet keine Rolle spielt. Deswegen gehen eigentlich *alle* Anbieter davon aus, dass beim Kunden entweder ein offenes LAN oder WLAN mit ausreichender Bandbreite zur Verfügung stehen. Es gibt nichts Schlimmeres als den Anwendern wärend der Präsentation 100 × sagen zu müssen, dass die Geschwindigkeit im installierten Live System später viel besser sein wird.

Noch viel „besser" kommt es an, wenn Sie vor Beginn des Termins feststellen, dass es hier gar kein WLAN gibt, Ihr Adapter für den LAN-Anschluss im Büro liegt und Sie erst mal 30 min vor einer Gruppe von 15 Anwendern damit verbringen, irgendwie ins Internet zu kommen. Auf die Frage, warum Sie denn nicht Ihren LTE-Anschluss vom Handy nutzen, müssen Sie dann leider antworten, dass Sie dies entweder noch nie probiert haben oder Ihr Arbeitgeber keine Verträge mit ausreichendem Datenvolumen zur Verfügung stellt. Nur gut, dass der Berater des Kunden (Ich) seinen LTE-Anschluss zur Verfügung stellt und damit die Show rettet. Hätten Sie im Vortermin alles geprüft, wäre Ihnen diese Peinlichkeit sicher nicht passiert. Eine Lösung sind z. B. mobile WLAN-Spots mit integrierter LTE-Karte. Dann können ggf. auch gleich mehrere Mitarbeiter auf einen WLAN-Spot zugreifen und man ist nicht auf das Handy eines Einzelnen angewiesen.

▷ **Expertentipp** Definieren Sie, in welchen Bereichen der erweiterte Einsatz von Technologie auch in Form von Hardware sinnvoll sein kann. Nutzen Sie die technische Infrastruktur mehr in Präsentationen und stellen Sie damit unter Beweis, dass es bei Ihnen wirklich funktioniert. Ob beim Mitbewerber alles so reibungslos läuft, lässt sich dann ja mal in Frage stellen.

3.7   Die 2-Beamer-Präsentation

Wenn Workshops einen vollen Tag oder mehr andauern, ist es für ungeübte Anwender sehr anstrengend hier durchgängig am Ball zu bleiben. Sollte der Umfang der zu präsentierenden Prozesse dann noch recht groß sein und auch Fachbereiche präsentiert werden, die nicht zum eigenen Bereich gehören, wird es langsam kritisch. Sich als Anbieter darauf zu verlassen, dass die Anwender die guten Funktionen und den damit verbundenen Mehrwert auch tatsächlich erkennen, stellt ein Risiko dar. Hinzu kommt, dass manch eine Lösung den zu präsentierenden Prozess nicht unbedingt immer leicht nachvollziehbar darstellt. Wenn die Menüführung etwas unübersichtlich ist und der Präsentator viel zwischen Masken hin- und herspringt, ist der Anwender schnell überfordert.

Dass Anwender am Ende des Tages noch mit voller Konzentration dabei sind, ist also recht unwahrscheinlich. Deswegen ist es durchaus sinnvoll, im Rahmen der Softwarepräsentation eine Hilfestellung anzubieten. Eine der Möglichkeiten ist dabei, mit 2 Präsentationsbeamern zu arbeiten, die in eine begleitende Präsentation und eine Präsentation der Software aufgeteilt sind (Abb. 3.1).

Der Folienbeamer kann auch dazu verwendet werden, den Fortschritt bei der Abarbeitung der Beispielprozesse aufzuzeigen. Haken Sie einfach Prozess für Prozess ab, den Sie aus Ihrer Sicht erfolgreich präsentiert haben und lassen sich dies von den Anwendern bestätigen. Eine derartige Präsentation bedarf aber einer hervorragenden Vorbereitung und des Übens der Präsentierenden. Hinzu kommt, dass nicht alle Räumlichkeiten beim Kunden dies auch so ermöglichen. Gegebenenfalls müssen Sie sich entscheiden, auf dem gleichen Bildschirm zwischen Folie und Software hin- und herzuschalten, was allerdings zu einer gewissen Unruhe in der Präsentation führt.

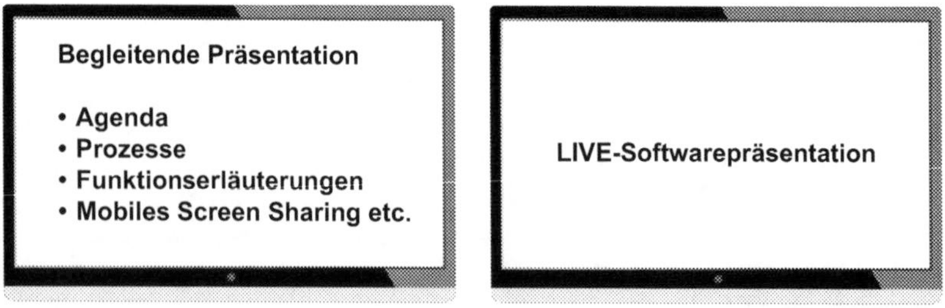

Begleitende Präsentation

• Agenda
• Prozesse
• Funktionserläuterungen
• Mobiles Screen Sharing etc.

LIVE-Softwarepräsentation

Abb. 3.1   2-Beamer. (Quelle: in Anlehnung an Shutterstock)

▷   **Expertentipp** Zum perfekten Workshop gehört auch die perfekte Prä-
    sentation und Moderation in Form von begleitenden Folien. Wenn es
    irgendwie geht, verwenden Sie diese Methodik. Gut aufgebaut und
    reibungslos im Ablauf werden es Ihnen die Anwender danken und Sie
    auf jeden Fall positiver als Ihren Mitbewerb bewerten.

3.8   Immer direkt in der Software präsentieren oder geht es auch anders? – Die berühmt-berüchtigte Powerpoint®-Präsentation

Typisch deutsch ist: PC aufklappen und mit der Demo loslegen. Keine Folien,
keine begleitende Erläuterungen. Nur viele schöne oder weniger schöne Masken.
Mit oder ohne ausreichende Daten.

Typisch amerikanisch ist: Viele Powerpoint®-Folien ersetzen die Live-Präsentation
von Software. Nicht unbedingt, weil es gar keine fertige Software gibt, sondern weil
man mit Folien die Applikation oft weitaus eleganter und ausgeschmückter präsentieren kann. Auch sehen Anwender hier in der Regel nur die positiven Seiten. Unschöne
Meldungen oder mögliche Fehler können nicht auffallen. Eigentlich ist weder die
eine Variante falsch oder die andere Variante richtig. Die Mischung machts! Die
Erfahrung hat gezeigt, dass ca. 70 % Software und 30 % Folien eine durchaus
gute Mischung ist. Kombiniert mit einigen Flipchart-Blättern ist es die ideale
Kombination.

Über die ideale Präsentation in MS-Powerpoint® und Co. existiert bereits viel
Literatur, die sich von der Anzahl Folien pro Minute bis hin zu Schriftgröße, Ani-
mation, Anzahl Zeilen und Zeichen etc. beschäftigt und damit guten Input liefert,
dies auch auf dieser Basis zu optimieren. Empfehlenswert ist die Fokussierung
auf den fachlichen und sachlichen Inhalt. Wichtig ist, dass Sie überhaupt eine
Präsentation erstellen. Sofern Sie die Präsentation auch an die Anwender in aus-
gedruckter Form übergeben wollen, achten Sie bitte darauf, dies erst am Ende der
Veranstaltung zu tun. Während des Workshops sollten die Teilnehmer aufmerksam auf die Beamer oder den Fernseher schauen und nicht in Unterlagen blättern.

▷   **Expertentipp** Erstellen Sie eine Basispräsentation, die zur Beglei-
    tung der Softwarepräsentation und ggf. auch als Handout dienen
    kann. Ergänzen Sie es mit einigen Aktionen am Flipchart und führen
    Sie damit die Anwender reibungslos durch den Workshop. Nutzen Sie
    dies auch als Dokumentation, die die Notitzen der Anwender in Ihrem
    Sinne ergänzt.

3.9   Erstellen einer Ping-Pong-Präsentation

Sie fragen sich, was damit gemeint ist? Dabei ist es ganz einfach und einleuchtend. Denn wenn in einer Präsentation oder im Workshop 4 Personen seitens des Anbieters anwesend sind und immer nur einer spricht bzw. präsentiert, dann sind die Ressourcen hier nicht gerade effizient eingesetzt. Der Präsentator steht bzw. sitzt in der Präsentation oft völlig allein da, obwohl mehrere Kollegen und Vorgesetzte im Raum sind. Er muss sich um das Präsentieren, das Beantworten von Fragen und das Zeitmanagement kümmern, während seine Kollegen E-Mails schreiben oder permanent zum Telefonieren das Meeting verlassen.

Wäre es da nicht viel sinnvoller den Präsentationsteil bzw. den durch Skripte definierten Teil in eine Frage und Antwort auf Rollenbasis umzuwandeln?

Und so geht's: Berater A stellt die Fragen bzw. gibt Aufgaben gemäß des Skriptes vor. Berater B präsentiert die Lösung am System oder erläutert die Antwort auf einer Präsentationsfolie. Zusätzlich übernimmt Berater A damit auch das Zeitmanagement und achtet darauf, dass Berater B nicht zu umfangreich antwortet. Außerdem kann er den Fragenparkplatz managen. Insgesamt also eine rundum bessere Lösung als den Präsentator allein zu lassen – unabhängig davon, wie erfahren er ist und wie lange und erfolgreich er das schon macht.

▷   **Expertentipp** Versuchen Sie sich doch mal in der Ping-Pong-Präsentationsmethode (Abb. 3.2). Aber nicht direkt beim Kunden ausprobieren, ohne die Methodik vorher mit den teilnehmenden Beratern getestet zu haben. Sonst kann der Schuss schnell nach hinten losgehen.

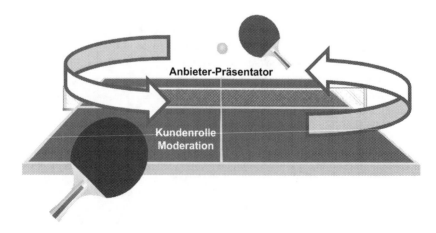

Abb. 3.2 Ping-Pong. (Quelle: in Anlehnung an Shutterstock)

3.10   Die „Achterbahnsuche" nach Antworten

Sie kennen die Situation, in der ein Anwender eine Frage hat, die Sie nicht ad-hoc beantworten können, weil Sie z. B. die Maske finden müssen, in der die gewünschten Daten zu finden sind. Was nun eigentlich immer beginnt, ist ein unter Zeitdruck wildes Hin- und Herspringen in Masken und Programmen. Ich nenne es die „Achterbahnsuche". An dessen Ende ist den meisten Anwendern schlecht, weil Sie derart verwirrt sind und keiner mehr weiß, wo sie eigentlich waren oder sind. Das Unwohlsein der Anwender bleibt jetzt erst einmal eine Weile bestehen – weil es im System nicht funktioniert, der Berater die Antwort nicht finden konnte oder die Antwort zwar gefunden wurde, aber eigentlich eine kurze Aussage mit „das geht" schon gereicht hätte.

Achterbahn. (Quelle: Shutterstock)

Dabei gibt es zwei einfache Wege, diese Fragen zeitnah zu beantworten und ohne extreme Verwirrung zu erzeugen bzw. die Agenda gänzlich aus der (Achter) Bahn zu werfen:

- **Der simple „Beamer Freeze"**
  Jeder Beamer hat die Möglichkeit den Bildschirm einzufrieren. Dann sollten Sie das auch tun. Nun können Sie wild hin- und herspringen, ohne dass es der Anwender merklich wahrnimmt (außer die Tippgeräusche) und kurz darauf die Antwort präsentieren.

- **Der „Lass mal meinen Kollegen nachsehen-Trick"**
  Mich wundert es immer wieder, dass oft mehrere Berater am Workshop teilnehmen, aber nur einer immer die ganze Arbeit macht. Selbst bei Fragen, deren Antwort der aktuelle, „freie" Berater geben könnte, greift dieser nicht ins Geschehen ein, sondern lässt seinen Kollegen erst einmal eine „Achterbahn-Klickorgie" starten.

  Viel besser wäre es, wenn er auf seinem System die Antwort sucht, diese durch Umschalten auf seinen PC den Anwendern präsentiert und danach wieder zum ursprünglichen Präsentator zurückschaltet. Pech, wenn dies technisch so nicht möglich ist und man sich auch im Vorfeld nicht darum gekümmert hat.

3.11 Der „Fragen-Parkplatz" oder manchmal auch das „Abstellgleis"

Fragen lassen sich, auch wenn es viele Anbieter in einer Präsentation gerne hätten, leider nicht vermeiden. Zumal Sie sich überlegen sollten, ob mehrere Stunden oder gar ein ganzer Tag ohne Fragen zielführend ist. Entweder sind alle Teilnehmer gerade im Dschungel Ihrer Lösung verloren gegangen und trauen sich nicht, zwecks möglicher Bloßstellung vor Kollegen und Ihnen, Fragen zu stellen. Vielleicht liegt es aber auch an der Pflichtveranstaltung, in die der Anwender trotz mangeldem Interesse gezwungen wurde. Fragen zeugen von Interesse der Teilnehmer. Sei es, um herauszufinden, was alles nicht geht oder, natürlich besser, wie es geht. Egal aus welchem Grund, wenn Sie aufmerksam zuhören und gute Antworten parat haben, können selbst Fragen mit einem negativen Hintergrund positiv zu Ihren Gunsten beantwortet werden.

Fragen zu unterbinden und ans Ende der Veranstaltung zu platzieren, ist in der Regel keine gute Idee. Recht selten haben Sie dann noch die Zeit und auch die Muße sich mit den Fragen zu beschäftigen. Fragen stellen zu lassen und ggf. auf dem „Fragen-Parkplatz" zu speichern, ist also immer sinnvoll. Eine simple Regel lautet: Wenn wir die Frage in 10 s beantworten können, dann machen wir es sofort, wenn nicht, kommt Sie auf den Parkplatz.

Was besonders gut ankommt ist, wenn einer der Anbieterteilnehmer die Fragen direkt erfasst und am Ende der Veranstaltung an den Projektleiter oder gar alle Anwender mailt. Die Beantwortung kann dann, je nach Vereinbarung, auch einige Tage brauchen.

Übrigens: Wenn Sie eine Frage mit „Genau, Herr Müller, das ist eine hervorragende Frage und besonders wichtig für Ihr Unternehmen …" beantworten, dann sorgen Sie dafür, dass Sie mehr Fragen erhalten und alle Beteiligten wegen des vielen Lobes Stolz sein werden. Ich habe diesen Effekt bereits in mehreren Workshops miterleben dürfen und war immer wieder überrascht, wie gut diese Methodik der Anbieter bei den Anwendern wirkt.

> **Expertentipp** Legen Sie von Anfang an fest, welche Fragen Sie direkt und welche Sie später beantworten. Vergessen Sie dann aber auch nicht, dies wirklich zeitnah zu tun. Der Fragende erinnert sich meistens daran, wenn Sie eine Zusage von Antworten gebenen haben, aber dann doch nicht reagieren. Wenn Sie Fragenden dann auch noch mit Wichtigkeit und Lob überschütten, haben Sie den bestmöglichen Frageeffekt für sich selbst erreicht.

3.12   Gezielt „Bomben legen und Fallen stellen"

Den Kunden dabei zu führen, unbewusst Ihrem Mitbewerb eine Falle zu stellen, kann eine durchaus lukrative Strategie und damit eine interessante Alternative zum „Bashing" (Niedermachen) des Mitbewerbers sein. Voraussetzung ist, dass Sie die Schwachstellen des Mitbewerbers ganz genau kennen, wissen dass diese noch aktuell sind und Sie es besser können. Wenn der Kunde eine bestimmte Funktion unbedingt benötigt, sollten Sie sich eine Strategie zurecht legen, wie und wann Sie diese „Bombe" platzieren.

Danach müssen Sie nur noch dafür sorgen, dass der Anwender den Köder schnappt, für sich selbst die positive Wirkung erkennt und den Mitbewerb danach fragt, nur um ordentlich enttäuscht zu werden.

Bombe. (Quelle: Shutterstock)

Sind diese „Killerfunktionen" Teil des geplanten Workshops oder des vorhandenen Skripts, müssen Sie auf jeden Fall darauf achten, dass diese auch ausreichend hervorgehoben werden. So z. B. über eine separate Folie mit dem Titel „Wichtige Funktionen in diesem Bereich".

Wenn der Workshop oder die Präsentation von Ihnen selbst bestimmt werden kann, dann sollten Sie sich überlegen wie viele dieser Fallen Sie insgesamt einbauen wollen, ohne es ggf. zu übertreiben oder den Kunden damit vor den Kopf zu stoßen.

▶ **Expertentipp** Versuchen Sie individuelle Fallen und Bomben für Ihren Mitbewerb in Präsentation und Workshop unterzubringen. Bringen Sie den Kunden dazu, genau nach diesen Themen beim Mitbewerb zu fragen, um hoffentlich enttäuscht zu werden!

3.13 Dürfen Kunden wissen, wie lange die Vorbereitung gedauert hat?

Wenn die Präsentation gerade sehr bescheiden lief und der Kunde unzufrieden ist, dann werden Sie ihm wohl kaum sagen, dass Sie 5 Personentage gearbeitet haben, um dieses miserable Ergebnis zu präsentieren. Ist der Kunde aber kurz davor aufzustehen und zu applaudieren, dann kann es durchaus von Vorteil sein, einen geringen Aufwand in der Vorbereitung auch zu kommunizieren. Besonders, wenn dieser dann daraus den Schluss ziehen könnte, dass mit Ihrer Lösung die Einführung wohl ein Kinderspiel wird. Wenn Sie als Einziger auch noch detaillierte Kundendaten im Demo-System umgesetzt haben, kann dieser Fakt gegenüber dem Kunden besonders ausgespielt werden. Dass dies ein wenig zu kurz gegriffen ist, ist klar. Wenn der Kunde jedoch eine Annahme zu Ihren Gunsten macht, dann lassen Sie ihn ruhig erst einmal gewähren.

▶ **Expertentipp** Bei wenig Vorbereitung mit einem hervorragenden Workshopergebnis sollten Sie mit dieser Zahl nicht hinter dem Berg halten und damit ggf. Ihrem Mitbewerb eine Falle stellen.

3.14 Mut haben zum „Aufstehen und Gehen"

In den vielen Jahren, in denen ich bereits Kundenworkshops betreut habe, kam es hin und wieder vor, dass wir uns dazu entschieden haben, den Workshop nach dem Mittagessen oder der Kaffeepause abzubrechen und den Anbieter nach Hause zu schicken.

Manchmal muss man einfach konsequent sein, wenn sich herauskristallisiert, dass es einfach nicht passen wird. Wenn die Funktionen, obwohl zugesagt, nicht gezeigt werden können, Ihre Berater nicht vorbereitet sind und nur noch „herumeiern", die zugesagten Daten im System nicht erfasst wurden und mit vielen weiteren negativen Punkten der Workshop langsam aber sicher im Chaos untergeht, sollten Sie sich für einen Abbruch entscheiden. Leider ist dies bisher noch nie passiert. Vermutlich, weil es sich keiner der Anbieter eingestehen wollte.

Wenn die, angeblich so langjährig erfahrenen Vertriebler, Vertriebsleiter oder Geschäftsführer, die an einer solchen Veranstaltung teilnehmen, das nicht realisieren, ist das sehr problematisch. Bis zum bitteren Ende zu bleiben, bedeutet ja nicht immer nur den Workshop abzuschließen, sondern auch nachfolgend noch viele Stunden Aufwand, bis hin zur Vertragsverhandlung sinnlos zu verschwenden.

Hier will jemand wohl noch den Krieg gewinnen, obwohl die wichtigste Schlacht gerade verloren wurde. Natürlich könnte man auch versuchen, sich darauf zu verlassen, dass keiner der anderen Anbieter eine bessere Show liefern wird. Wenn das aber so ist und Sie zuvor abgebrochen haben, dann lassen Sie den Kunden zumindestens in Unklarkeit darüber, ob Sie es nicht doch hätten besser machen können. Aufstehen und gehen bedeutet deswegen auch das Potential einer neuen Chance. Sie müssen diese nur rechtzeitig erkennen und die Reißleine ziehen. Wenn der Kunde dann nicht mehr bereit ist, Ihnen Zeit für einen zweiten Workshop zu geben, er aber trotzdem gerade die Entscheidung für einen Invest von 1 Mio. EUR treffen will, dann haben Sie wahrscheinlich ohnehin nie eine Chance gehabt. Sie können sich glücklich schätzen, dass es gerade so gelaufen ist, selbst wenn es schwerfällt und schmerzhaft sein kann.

> **Expertentipp** Wenn Sie merken, dass Sie in einer Sackgasse stecken, dann kommunizieren Sie offen einen möglichen Abbruch des Workshops oder gar des Vertriebsprozesses. Testen Sie so das wirkliche Interesse des Kunden. Ansonsten stecken Sie Ihre Energie lieber in den nächsten Kunden!

3.15 Nachvollziehbare und vollständige System- und Schulungsdokumenationen als Teil der Präsentation

Haben Sie ein ausgefeiltes Hilfesystem, das seinem Namen auch gerecht wird? Gibt es bei Ihnen Schulungsvideos und Unterlagen, die vom Kunden individualisierbar sind? Gibt es eine gute technische Dokumentation vom Hardware Sizing bis zur Installation der Lösungen oder der Integration von Drittsystemen?

Wenn ja, dann wundere ich mich immer wieder, warum diese Fakten so wenig angepriesen werden. Auf die Frage: „Drücken Sie doch mal die Hilfetaste und zeigen uns, was das Feld XYZ eigentlich bedeutet und wie es genutzt wird?", kommt eine lange Liste von Ausreden, wie z. B.:

- „Das Feld ist neu, hier fehlt die Hilfe noch."
- „Oh, meine Hilfe ist anscheinend nicht aktiviert."
- „Das wird detailliert bei den Anwenderschulungen besprochen."
- Oder am schlimmsten: „Oh, das kann ich Ihnen leider auch nicht sagen!"

Ganz schön peinlich! Von der Vorstellung, dass Felder bereits bei der Entwicklungsvorgabe beschrieben werden und man eigentlich die Hilfe bereits VOR der Entwicklung fertigstellen sollte, habe ich mich schon lange verabschiedet. Wenn das bei Ihnen nicht so ist und Sie in diesem Umfeld glänzen können, weil Ihre Dokumentation tatsächlich auch seinen Namen verdient, dann tun Sie es auch!

▶ **Expertentipp** Gute Hilfe, vollständige Dokumentation, Videos und Schulungsunterlagen sind essentiell, um den Projekterfolg in der Implementierung sicherzustellen. Wenn Sie hier gut sind, dann heben Sie dies hervor und machen dem Kunden ruhig Angst, was passieren kann, wenn der Mittbewerber hier versagt.

3.16 Mitbringsel, Unterlagen und begleitende Dokumente bei Workshops und Präsentationen

Mitbringsel Ob Sie es glauben oder nicht, auch eine Packung Gummibären pro Workshopteilnehmer kann eine Bewertung positiv beeinflussen. Besonders dann, wenn Sie der einzige Anbieter sind, der auf die Idee kommt, mehr als nur „sich selbst" mitzubringen. Natürlich habe ich etwas übertrieben. Es besteht jedoch eindeutig ein Unterschied, ob ein Anbieter pro Teilnehmer eine „Infotasche" mitbringt oder ganz mit leeren Händen kommt. Nicht jeder Teilnehmer kommt mit „Block und Bleistift" in einen Workshop. Wenn Sie der Meinung sind, dass es sinnvoll wäre Notizen zu machen, dann sollten Sie, im eigenen Interesse, auch dafür sorgen, dass dies möglich ist.

Bedenken Sie auch, dass Sie bei Ihren Mitbringseln nicht an der Qualität sparen. Ein billiger Kugelschreiber beeindruckt keinen. Ideal sind etwas hochwertigere Produkte, die zum Projekt oder der Branche einen Bezug haben, so z. B. der Spielzeug-Lkw mit Anbieterlogo bei Kauf einer Speditionssoftware. Beachten Sie aber, ob die aktuellen Compliance-Regeln Werbegeschenke beim Unternehmen zulassen. Es wäre nicht gut, wenn Sie erst groß Auftischen und dann gleich alles wieder mitnehmen müssen.

Alternativ können übrigens auch einige Packungen mit Süßigkeiten oder ein Tablett mit Obst mitbgebracht werden. Damit hatte ich bei fast allen meiner Kunden immer einen sehr positiven Effekt erreicht und gleich zu Anfang eines Termins für gute Stimmung und Gesprächsstoff gesorgt.

Unterlagen – die Mindestanforderung

- Agenda, inkl. Liste der Teilnehmer seitens des Anbieters und die Rolle im Termin/Projekt
- Unternehmensbroschüre
- Produktübersicht
- Referenzübersicht
- Kopie der individuellen Präsentation des Termins
- Block und Kugelschreiber

Achten Sie darauf, die Anwender nicht mit einem „Haufen" an Broschüren und Unterlagen zu überschütten. Es sollte auf jeden Fall auf den Kunden abgestimmt und individuell zusammengestellt sein. Workshops und Präsentationen sind kein Anlass, um Ihr „Altpapier" von Werbemitteln beim Kunden abzuladen.

▶ **Expertentipp** Machen Sie sich Gedanken, mit welchen Unterlagen und Werbemitteln Sie auch nach dem Workshop einen positiven Eindruck hinterlassen wollen.

Nach Präsentation und Workshop

4

4.1 Qualitätssicherung ist einfach: Fragen Sie Andere!

Schon wieder eine „Mega"-Präsentation gehalten. Alle haben geklatscht und auf die Tische geklopft. Der Auftrag ist sicher! Aber halt: Kann es sein, dass Sie gerade Höflichkeit mit Begeisterung verwechselt haben? Es kommt leider allzu oft vor, dass sich der Anbieter selbst für eine gute Leistung auf die Schulter klopft, während der Kunde dies total anders sieht. Sollte man daher nicht lieber nachfragen oder reicht etwa das eigene „gute Gefühl"?

Bei den Schwaben sagt man auch „nicht gemeckert, ist genug gelobt". So kann es also vorkommen, dass keine Reaktion von manch einem Anbieter als Zustimmung oder gar positives Feedback angesehen wird. Wer dann nicht selbst nachfragt, ob dies tatsächlich so ist, ist selbst Schuld, wenn er falsch lag. Viel schlimmer ist es, wenn man merkt, dass einige Themen nicht besonders gut ankamen oder zwischendurch negative Bemerkungen von den Anwendern kamen. Kein Problem, denken viele Anbieter. Einfach „Kopf in den Sand" und durch! Nur niemanden fragen, um keine offiziellen negativen Kommentare zu erhalten – selbst wenn man in der Lage wäre, diese mit positiven Aussagen zu kontern.

▷ Sie sollten als Anbieter mutiger sein Fragen zu stellen, auch wenn es unangenehm wird, um ggf. die Situation retten zu können. Es ist besser unangenehme Themen zu klären. Sei es direkt während oder nach der Veranstaltung. Sonst machen dies die Anwender für Sie – leider meist ganz und gar nicht in Ihrem Sinne. Lief es aus Ihrer Sicht prima, dann ist es unbedingt notwendig dies auch zu verifizieren, damit Sie hier nicht wieder einmal einer falschen Annahme unterliegen.

© Springer Fachmedien Wiesbaden GmbH, ein Teil von Springer Nature 2018   57
C. Groß, *Software in Workshops perfekt präsentieren*, essentials,
https://doi.org/10.1007/978-3-658-22079-2_4

Die Frage vor der allgemeinen Präsentation/dem Workshop Schon mal von einem „Dry Run" gehört? Der kommt als Übungslauf sehr gut, bevor die Veranstaltung direkt beim Kunden „ins Wasser fällt". Ob Workshop oder Präsentation, ob Standard oder individuell. Es ist immer sinnvoll andere zu fragen, ob Ihr Werk den „Nagel auf den Kopf" trifft oder total daneben liegt. Nur so können Sie noch rechtzeitig einlenken und ggf. Ihre Vorgehensweise anpassen und optimieren.

Die Frage während der Präsentation/des Workshops Nutzen Sie Pausen, um die Teilnehmer der Veranstaltung zu Ihrer Bewertung zu befragen. Nur so können Sie ggf. noch einschreiten und eine Änderung oder Ergänzung der Agenda vornehmen bzw. Themen forcieren oder gar ganz aufs Abstellgleis zu stellen. Es nutzt Ihnen nichts, wenn vorher eine perfekte, auch mit dem Kunden abgestimmte Agenda in einer „Hauruck"- Aktion durchgezogen wird und die Anwender dabei auf der Strecke bleiben. Die Wahrscheinlichkeit, dass es Ihnen demnächst genauso ergeht ist sehr groß.

Die Frage nach der Präsentation/des Workshops In Schulungsworkshops sind Fragebögen nach der Durchführung an der Tagesordnung. Fraglich ist, warum nicht auch nach Präsentationen und Vertriebsworkshops eine qualitative Bewertung der Veranstaltung abgefragt werden kann (Abb. 4.1). Viele scheuen dies, weil die Zeit oft fortgeschritten oder bereits überschritten ist. Andere wollen lieber keine Kommentare, da dies ggf. bedeuten würde hier noch Nacharbeit leisten zu müssen. Aber warum eigentlich? Als Anbieter haben Sie durchaus ein Recht auf Bewertung Ihrer Arbeit. So wie der Applaus der Lohn des Künstlers ist, so sollten Sie als Anbieter eine offene Bewertung aller Teilnehmer der Veranstaltung erhalten. Wenn der Kunde eine Bewertung verweigert, dann sollte Ihre „rote Lampe" aufleuchten. Meist ist nicht die fehlende Zeit der Grund, sondern weil

Abb. 4.1 Qualität. (Quelle: Shutterstock)

man sich schlicht und einfach nicht länger mit Ihnen beschäftigen oder die eigene Meinung offenbaren möchte. Das sollte Ihnen zu Denken geben!

Überraschen Sie die Teilnehmer mit einem Anruf nach dem Workshop oder der Präsenation mit der Begründung, dass man sich verbessern will und auf deren persönliche Anforderungen besser eingehen bzw. noch gewünschte Informationen nachliefern will. So werden Sie schnell erkennen, ob man an Ihnen Interesse hat oder nicht.

Bei wirklich neutral gestrickten Anwendern können Sie auch noch eine Menge Pluspunkte sammeln. Außerdem haben Sie auf diese Weise vielleicht die Möglichkeit Informationen zu erhalten, welche die Teilnehmer Ihnen in der Gruppe, unter Zeugen, so nicht gegeben hätten. Gehen Sie davon aus, dass keiner Ihrer Mitbwerber einen derartigen Anruf macht.

▶ **Expertentipp** Erstellen Sie einen einfachen, aber effizienten Fragebogen bzw. eine Vorgehensweise für Rückfragen, speziell nach den durchgeführten Terminen. Fragen Sie nach und vermeiden Sie das Motto „nach dem Workshop die Sintflut".

4.2 Informationen für alle – nicht nur für die, die einen USB-Stick erhalten haben

Nehmen wir mal an, dass Sie gerade ein Dokumentenmanagement-System verkaufen wollen. Wenn es aber zur Weitergabe von Informationen kommt, drücken Sie dem Projektleiter des Kunden nach der Präsentation einen USB-Stick in die Hand und hoffen, dass dieser die darauf enthaltenen Daten veröffentlichen und alle Teilnehmern des Workshops zugänglich machen wird. Damit haben Sie als Anbieter leider schon wieder einmal bewiesen, dass der „Schuster die schlechtesten Schuhe" hat!

Die Weitergabe von Informationen an eine einzelne Person auf einem USB-Stick ist eigentlich schon recht antiquiert und von der Digitalisierung, die Sie gerade verkaufen wollen, meilenweit entfernt. Wo doch alle über Cloud-Lösungen sprechen, wäre dies hier die besser geeignete Plattform, um Informationen zu verteilen. Das kann Vorteile mit sich bringen, bei denen Sie sicher sein können, dass diese bisher kaum einer der Anbieter nutzt, so z. B.:

• Wenn alle Teilnehmer der Veranstaltung den Link und die Logindaten erhalten, können Sie sicherstellen, dass auch tatsächlich jeder Zugriff auf die Daten hat.

- Sie können nicht nur Unterlagen und Informationen in Bezug auf Präsentation oder Workshop zur Verfügung stellen, sondern auch noch gezielt weitere Unterlagen platzieren, die Sie als wichtig ansehen, nach denen der Kunde aber noch gar nicht gefragt hat.
- Sie können den Anwendern auf diese Weise beweisen, dass Sie nicht selbst „Wein predigen aber Wasser trinken", also die von Ihnen propagierten Tools auch selbst einsetzen.
- Einmal aufgesetzt, können Sie das kundenindividuelle Info-Portal stetig ausbauen. Passen Sie aber auf, dass Sie es nicht mit Daten überladen.
- Auch interessant: Sie könnten ggf. tracken, wer sich wie oft eingeloggt hat und welche Daten runtergeladen wurden.

> **Expertentipp** Richten Sie eine gesicherte Cloud-Plattform (am besten auf ihrem eigenen Server) ein, auf der Sie in gesicherten Verzeichnissen alle und weitere Informationen aus dem Workshop oder der Präsentation zur Verfügung stellen.

4.3   Kritik ist ein Geschenk! Nehmen Sie es an und optimieren sich zum Gewinner!

Sie sind erfolgreich? Ihre Vertriebsquote ist sehr gut? Sie meinen, dass dies nur auf Ihre hervorragende vertriebliche Genialität zurückzuführen ist? Kann sein. Oder auch nicht. Ich gebe selbst gern zu, dass ich von Kritik nicht immer allzu begeistert bin. Besonders, wenn diese negativ ausfällt. Deswegen hoffe ich, dass Sie in diesem Buch viele kritische Punkte erkennen konnten. Wer diese annimmt, wird seinen Workshop-Präsentationsprozess nachhaltig optimieren können und damit seine Erfolgsquote drastisch erhöhen. Schließlich sind Ihre Ressourcen nicht unendlich. Jede optimal durchgeführte Präsentation und jeder perfekte Workshop ist ein extrem wichtiger Bestandteil Ihres Vertriebserfolges.

Expertentipps 5

Wer schnell das Wesentliche des Buches erkennen will, der findet hier die Sammlung aller Expertentipps. Bei Interesse können Sie dann das jeweilige Kapitel im Detail ansehen.

▷ **Abschn. 1.2 Machen Sie den Präsentations- und Workshop-Selbsttest** – Machen Sie den Selbsttest, indem Sie alle Mitarbeiter, die in Präsentationen und Workshops tätig sind, einzeln befragen. Vergleichen Sie dann das Ergebnis und ziehen Sie Ihre eigenen Schlussfolgerungen daraus. Hinweis: Sie können die MS-Excel ®-basierte Version kostenfrei auf Anfrage per Mail an scc-info@scc-center.de erhalten.

▷ **Abschn. 1.3 Die gleiche Sprache Sprechen** – Erstellen Sie ein Glossar mit der Erläuterung der wichtigsten und wiederkehrenden Begriffe, die Sie im Rahmen von Präsentationen und Workshops verwenden. Einmal gemacht, müssen Sie es für jeden Workshop ggf. nur neu anpassen. Halten Sie das Glossar kurz mit ein oder maximal 2 Seiten.

▷ **Abschn. 1.6 Der Umgang mit externen Beratern** – Binden Sie den Berater in Ihren Prozess ein. Vielleicht lassen sich einige Änderungen in Bezug auf Präsentation und Workshop durchsetzen, die für Sie von Vorteil sind. Ignorieren, umgehen oder greifen Sie den Berater nicht an. Das geht in der Regel nicht gut aus.

▷ **Abschn. 2.1 Der Vortermin** – Machen Sie den Vortermin für Workshops zum integralen Teil Ihres Vertriebsprozesses, vor allem, wenn Sie diesen selbst bestimmen können. Verweigert der Kunde Ihnen diese Gelegenheit und erwartet trotzdem 2 Tage Workshop am Stück, dann

© Springer Fachmedien Wiesbaden GmbH, ein Teil von Springer Nature 2018
C. Groß, *Software in Workshops perfekt präsentieren*, essentials,
https://doi.org/10.1007/978-3-658-22079-2_5

sollten Sie sich überlegen, ob Sie hier richtig sind. Nach dem Termin dokumentieren Sie diesen gegenüber dem Kunden und halten alle getroffenen Vereinbarungen fest.

▶ **Abschn. 2.2 Wie sinnvoll sind standardisierte Demo-Systeme?** – Schaffen Sie die technischen Voraussetzungen, um entweder ein zentrales oder dezentrales Demo System nutzen zu können. Definieren Sie standardisierte Demoprozesse und erfassen hierzu die notwendigen Daten. Setzen Sie das Demo System dann auch konsequent ein.

▶ **Abschn. 2.3 Lösungen von Drittanbietern präsentieren** – Listen Sie alle Systeme auf, die der „ideal digitalisierte" Kunde auch später im Projekt implementiert und fangen Sie mit der Integration in Ihre Demo-Umgebung an. Der Aufwand lohnt sich, solange Sie auf dieser Fähigkeit auch ausreichend „herumhacken": Machen Sie dem Kunden ruhig Angst, dass, wenn es beim Mitbewerber nicht einmal in der Demo geht, es später bei der eigenen Implementierung nur noch schlimmer werden kann.

▶ **Abschn. 2.6 Inhalte der einzelnen Präsentations/Workshopthemen** – Individualisieren Sie die Agenda und den Inhalt in den einzelnen Punkten auf den aktuellen Kunden hin. Weniger Inhalt mit hoher Qualität ist dabei besser als ein Folien- und Informationsmeer, welches den Kunden eher erschlägt als informiert. Achten Sie dabei auf den individuellen Mehrwert Ihrer Aussagen.

▶ **Abschn. 2.7 Präsentation der neuen Kundenprozesse – „Ihre Prozesse – Ihr Mehrwert"** – Erstellen Sie pro Fachbereich/Funktion eine oder mehrere begleitende Folien, mit denen Sie den Mehrwert Ihrer Lösung aufzeigen. Beweisen Sie Ihre Aussage durch ein entsprechendes Kunden-Referenzzitat.

▶ **Abschn. 2.9 Die Teilnehmer auf Anbieter und Kundenseite** – Nutzen Sie den Namensschildertrick! Lassen Sie Ihre Sektretärin keim Kunden anrufen mit der Begründung, Sie müsse Namensschilder für die Präsentation für die Tische erstellen und benötigt dafür Name und Funktion. Sie werden überrascht sein, in wie vielen Fällen Sie damit durchkommen. Zumal es für alle einen Vorteil hat, zu wissen, mit wem man spricht, wenn man vor 15 Anwendern im Workshop sitzt.

▷ **Abschn. 2.10 Warum sind Daten in einer Präsentation so wichtig?** – Achten Sie darauf *nur* mit Systemen zu präsentieren, die auch Daten enthalten. Wenn spezifische Funktionen und Prozessergebnisse gezeigt werden müssen, sollten diese auch sinnvoll und nachvollziehbar sein. (2.10)

▷ **Abschn. 2.11 Wie setzt man kundenindividuelle Daten am sinnvollsten ein?** – Bei Tagesworkshops oder individuellen Präsenationen sollten immer Daten des Kunden (wenn auch nur in Teilbereichen) zum Einsatz kommen. Insofern wenig Aufwand hierfür notwendig war und der Kunde begeistert ist, können Sie einen positiven Eindruck in Bezug auf die später anstehende Datenübernahme beim Kunden machen.

▷ **Abschn. 2.12 Die genialste Datenbank-Präsentationsfunktion der Welt!** – Prüfen Sie, ob sich eine derartige Funktion auch in Ihrem System umsetzen lässt. Ihre Berater werden es Ihnen danken und die Kunden werden von der Menge und Qualität der individualisierten Daten beeindruckt sein.

▷ **Abschn. 2.13 Ist es sinnvoll Beta-Versionen zu präsentieren?** – Wägen Sie genau ab, ob Sie tatsächlich eine Beta-Version mit limitiertem Risiko präsentieren können. Alternativ sind einige Screenshots mit Erläuterungen vielleicht sogar die bessere Alternative.

▷ **Abschn. 3.1 Zeitmanagement** – Machen Sie einen Testlauf, um zu sehen, wie die zuvor geschätzte Zeit umsetzbar ist. Definieren Sie, wie Sie mit dem Zeitmanagement umgehen wollen und stellen Sie immer jemanden ab, der auch auf die Uhr schaut.

▷ **Abschn. 3.2 Teilnehmerklassifizierung – Der menschliche Faktor** – Versuchen Sie sich und Ihre Kollegen zu „typisieren", um besser zu verstehen, ob und wie die einzelnen Typen vorteilhaft in der Präsentation eingesetzt werden können. Machen Sie es genauso mit den Anwendern. Am besten schon beim Vortermin. Je früher Sie wissen, wer Ihnen gegenübersitzt, umso besser können Sie darauf eingehen und damit umgehen.

▷ **Abschn. 3.3 Der Kunde verdient Ihre volle Aufmerksamkeit!** – Platzieren Sie sich bei der Veranstaltung so, dass Sie zwar die Präsentation, aber noch viel besser die Gesichter der Teilnehmer sehen können. Nur so können Sie bei einer „sauren Miene" fragen, ob etwas gerade nicht gefällt und dem sofort entgegenwirken. Vergessen Sie nicht, in den Pausen aktiv Kontakt aufzunehmen.

▶ **Abschn. 3.4 Die Sitzordnung** – Prüfen Sie die Workshop-Räumlichkeiten beim Vortermin und legen dort bereits die Sitzordnung fest.

▶ **Abschn. 3.5 Online vs. Präsenz beim Kunden** – **Es muss nicht immer vor Ort sein** – Wählen Sie ein Online-Präsentationssystem, mit dem beim Kunden *keine* Probleme zu erwarten sind und mit dem der Kunde keine Software installieren oder testen muss. Testen Sie außerdem im Vorfeld *jeder* Online-Präsentation, ob Bandbreite, Auflösung und Technik funktionieren. Besonders wenn Sie mit VOIP arbeiten wollen. Nicht jeder Kunde hat Mikrofon und Lautsprecher am Arbeitsplatz.

▶ **Abschn. 3.6 Welche Rolle spielt die eingesetzte Technologie bei Präsentationen und Workshops?** – Definieren Sie, in welchen Bereichen der erweiterte Einsatz von Technologie auch in Form von Hardware sinnvoll sein kann. Nutzen Sie die technische Infrastruktur mehr in Präsentationen und stellen Sie damit unter Beweis, dass es bei Ihnen wirklich funktioniert. Ob beim Mitbewerber alles so reibungslos läuft, lässt sich dann ja mal in Frage stellen.

▶ **Abschn. 3.7 Die 2-Beamer Präsentation** – Zum perfekten Workshop gehört auch die perfekte Präsentation und Moderation in Form von begleitenden Folien. Wenn es irgendwie geht, verwenden Sie diese Methodik. Gut aufgebaut und reibungslos im Ablauf werden es Ihnen die Anwender danken und Sie auf jeden Fall positiver als Ihren Mitbewerb bewerten.

▶ **Abschn. 3.8 Immer direkt in der Software präsentieren oder geht es auch anders?** – **Die berühmt-berüchtigte Powerpoint°-Präsentation** – Erstellen Sie eine Basispräsentation, die zur Begleitung der Softwarepräsentation und ggf. auch als Handout dienen kann. Ergänzen Sie es mit einigen Aktionen am Flipchart und führen Sie damit die Anwender reibungslos durch den Workshop. Nutzen Sie dies auch als Dokumentation, die die Notizen der Anwender in Ihrem Sinnve ergänzt.

▷ **Abschn. 3.9 Erstellen einer Ping-Pong-Präsentation** – Versuchen Sie sich doch mal in der Ping-Pong-Präsentationsmethode. Aber nicht direkt beim Kunden ausprobieren, ohne die Methodik vorher mit den teilnehmenden Beratern getestet zu haben. Sonst kann der Schuss schnell nach hinten losgehen.

▷ **Abschn. 3.11 Der „Fragen-Parkplatz" oder manchmal auch das „Abstellgleis"** – Legen Sie von Anfang an fest, welche Fragen Sie direkt und welche Sie später beantworten. Vergessen Sie dann aber auch nicht, dies wirklich zeitnah zu tun. Der Fragende erinnert sich meistens daran, wenn Sie eine Zusage von Antworten gebenen haben, aber dann doch nicht reagieren. Wenn Sie Fragenden dann auch noch mit Wichtigkeit und Lob überschütten, haben Sie den bestmöglichen Frageeffekt für sich selbst erreicht.

▷ **Abschn. 3.12 Gezielt „Bomben legen und Fallen stellen"** – Versuchen Sie individuelle Fallen und Bomben für Ihren Mitbewerb in Präsentation und Workshop unterzubringen. Bringen Sie den Kunden dazu, genau nach diesen Themen beim Mitbewerb zu fragen, um hoffentlich enttäuscht zu werden!

▷ **Abschn. 3.13 Dürfen Kunden wissen, wie lange die Vorbereitung gedauert hat?** – Bei wenig Vorbereitung mit einem hervorragenden Workshopergebnis sollten Sie mit dieser Zahl nicht hinter dem Berg halten und damit ggf. Ihrem Mitbewerb eine Falle stellen.

▷ **Abschn. 3.14 Mut haben zum „Aufstehen und Gehen"** – Wenn Sie merken, dass Sie in einer Sackgasse stecken, dann kommunizieren offen einen möglichen Abbruch des Workshops oder gar des Vertriebsprozesses. Testen Sie so das wirkliche Interesse des Kunden. Ansonsten stecken Sie Ihre Energie lieber in den nächsten Kunden!

▷ **Abschn. 3.15 Nachvollziehbare und vollständige System- und Schulungsdokumentation als Teil der Präsentation** – Gute Hilfe, vollständige Dokumentation, Videos und Schulungsunterlagen sind essentiell, um den Projekterfolg in der Implementierung sicherzustellen. Wenn Sie hier gut sind, dann heben Sie dies hervor und machen dem Kunden ruhig Angst, was passieren kann, wenn der Mittbewerber hier versagt.

▶ **Abschn. 3.16 Mitbringsel, Unterlagen und begleitende Doku-
mente bei Workshops und Präsentationen** – Machen Sie sich Gedanken, mit welchen Unterlagen und Werbemitteln Sie auch nach dem
Workshop einen positiven Eindruck hinterlassen wollen.

▶ **Abschn. 4.1 Qualitätssicherung ist einfach: Fragen Sie Andere!** –
Erstellen Sie einen einfachen, aber effizienten Fragebogen bzw. eine
Vorgehensweise für Rückfragen, speziell nach den durchgeführten
Terminen. Fragen Sie nach und vermeiden Sie das Motto „nach dem
Workshop die Sintflut".

▶ **Abschn. 4.2 Informationen für Alle – nicht nur die, die einen USB-
Stick erhalten haben** – Richten Sie eine gesicherte Cloud-Plattform
(am besten auf ihrem eigenen Server) ein, auf der Sie in gesicherten
Verzeichnissen alle und weitere Informationen aus dem Workshop
oder der Präsentation zur Verfügung stellen.

Was Sie aus diesem *essential* mitnehmen können

- Eine technisch und inhaltlich schlechtere Software kann mit der besseren Präsentation das Rennen gewinnen
- Wer sich gut vorbereitet, gewinnt jeden „Präsentations/Workshop-Wettbewerb"
- Sich an die „Spielregeln" von externen Beratern und Kunden halten und trotzdem Individualität beweisen
- Wer „schreibt, der bleibt" bzw. gewinnt. Kommunikation und Dokumentation ist mehr wert als nur verbale Präsentationsstatements
- Vor der Präsentation ist nach der Präsentation. Selbst nach dem besten Workshop ist der Vertriebsprozess noch lange nicht gewonnen

© Springer Fachmedien Wiesbaden GmbH, ein Teil von Springer Nature 2018   67
C. Groß, *Software in Workshops perfekt präsentieren*, essentials,
https://doi.org/10.1007/978-3-658-22079-2

Zum Weiterlesen

Groß, Christoph, und Roland Pfennig. 2017. *Professionelle Softwareauswahl und -einführung in der Logistik.* Wiesbaden: Springer Gabler.
In diesem Buch erhalten Sie einen Einblick in die Vorgehensweise bei der Analyse, Auswahl und Einführung von Softwarelösungen aus Kundensicht.

© Springer Fachmedien Wiesbaden GmbH, ein Teil von Springer Nature 2018   69
C. Groß, *Software in Workshops perfekt präsentieren,* essentials,
https://doi.org/10.1007/978-3-658-22079-2